Miranda Gray

Erweckung der weiblichen Energie

Miranda Gray

Erweckung der weiblichen Energie

Der Weg des weltweiten Womb Blessing zu authentischer Weiblichkeit

Aus dem Englischen von Frauke Bahle

2. Auflage 2022

ISBN: 978-3-943793-71-0
Dieser Titel ist auch als E-Book erhältlich.

Nesso 8, 87487 Wiggensbach
Fax: 08370-8896
www.stadelmann-verlag.de
E-Mail: bestellung@stadelmann-verlag.de
Umschlagmotiv: Miranda Gray, gestaltet von Liana Moisescu
Übersetzung: Frauke Bahle, Merzhausen
Satz: Eberl & Koesel Studio, Altusried-Krugzell
Druck: mediaprint solutions GmbH, Paderborn

Die Originalausgabe erschien unter dem Titel Female Energy Awakening – The Path of the worldwide Womb Blessing back to authentic Femininity

First Published 2016 by Fast-Print Publishing of Peterborough, England
Die deutsche Übersetzung wurde vermittelt von Montse Cortazar Literary Agency (www.montsecortazar.com).

Inhalt

Allen Frauen weltweit, deren Herzenswunsch es ist,
zu erwachen, zu heilen und die Welt zu verändern.

Vorwort

Ich habe dieses Vorwort während meiner Abreise aus Mexiko geschrieben. Wir flogen gerade über die Pyramiden von Teotihuacan. Wenige Tage zuvor hatte ich die Mondpyramide erklommen. Unter mir erstreckte sich die Straße der Toten, links lag die riesige Sonnenpyramide. Als ich auf die hügelige Landschaft blickte, sah ich in den sanften Hügeln die Silhouette einer liegenden Frau: Ihr Bauch direkt vor mir, die Brüste in der Ferne und links und rechts die aufgestellten Knie. Auf der Prozessionsstraße näherten sich Gruppen von bunt gekleideten Touristen der Mondpyramide. Sie waren für mich wie die Kinder der »Erdgöttin«, auf die Welt gekommen zwischen ihren Beinen und unter ihrem Bauch. Ich stand dort in der zunehmenden Hitze und sah, was die präkolumbianischen Einwohner von der Spitze der Pyramide aus gesehen hatten – die Göttliche Weiblichkeit, die ihre Kinder gebar. Ich fragte mich, wie vielen Touristen wohl bewusst wurde, dass sie ein aktiver Teil einer uralten und göttlichen Zeremonie waren!

Das Göttlich-Weibliche war immer bei uns – manchmal wurde sie anerkannt, geliebt und zelebriert, in anderen Zeiten unterdrückt, verunglimpft, versteckt oder ignoriert. Aber sie war immer da, in der Landschaft und in den Frauen, wir müssen nur unsere Sicht der Dinge verändern, um ihre Anwesenheit zu erkennen.

Dieses Buch basiert auf dem weltweiten Womb Blessing, den Gebärmuttersegnungen, aber du brauchst nicht daran teilzunehmen, um wunderbare Erfahrungen und inspirierende Einsichten mit den Meditationen, den Informationen und Übungen in diesem Buch zu sammeln. Ich hoffe aber, dass du den Ruf in deinem Herzen vernimmst, die Gebärmuttersegnung zu erleben. Nimm gemeinsam mit deinen Freundinnen teil und erlebe zusammen mit Tausenden Frauen rund um den Globus die Meditation des Worldwide Womb Blessing.

Wenn du diese Segnung noch nie mitgemacht hast oder wenn du dich zwar bereits registriert hast, aber tiefer in deine authentische weibliche Natur vordringen möchtest, dass melde dich für die nächste Segnung an: Auf der Seite www.wombblessing.com kannst du dich unter »registration« registrieren (Seite auch in deutscher Sprache).

Du brauchst keine physische Gebärmutter oder einen Menstruationszyklus zu haben, um an der Segnung oder den Meditationen und Übungen in diesem Buch teilzunehmen. Du wirst in jedem Fall die Vorteile und das wunderbare Geschenk erleben.

Miranda Gray

Einleitung: Unsere authentische Weiblichkeit

Unsere *authentische Weiblichkeit* ist unsere »ursprüngliche« Weiblichkeit, mit der wir geboren wurden. Sie liegt in unserem weiblichen Körper, in unseren Zellen, in den Knochen, der DNS, in unserem instinktiven Selbst und unseren grundlegenden Verhaltensmustern begründet. Sie ist das, was wir sind, bevor die moderne Welt die Führung übernimmt mit all den gesellschaftlichen Einschränkungen und Erwartungen.

Wir können uns unsere Weiblichkeit als ein wertvolles altes Gemälde vorstellen, das mit der Zeit schmutzig und dunkel geworden ist. Die Umrisse auf dem Bild sind unter den Lagen von Schmutz noch zu erkennen, aber wir sehen nicht die Schönheit der ursprünglichen Farben, die Feinheiten und Details nicht mehr. Viele von uns leben nur die verblassten Umrisse ihrer ursprünglichen Weiblichkeit.

Die Gebärmuttersegnung wäscht den Schmutz und die Einschränkungen fort. Mit jeder Segnung wird die Schmutzschicht dünner, bis die ursprünglichen Farben wieder durchscheinen. Irgendwann ist dann das gesamte Bild wieder sauber und die Schönheit des Meisterwerks wird sichtbar – die lebendigen, fließenden Farben und Linien des Künstlers, die Details, das Tiefgründige, die Kontraste und die Gefühle offenbaren sich in ihrer ganzen Pracht. Wir spüren, dass wir angekommen sind bei unserer Schönheit und Lebendigkeit, bei uns selbst. Wir fühlen uns ganz und zentriert, stark und frei, wertvoll, kreativ, sexuell und spirituell. Wir sind frei, alles zu sein – jede Farbe und jede Form unserer ursprünglichen Weiblichkeit.

Die Malerin unseres Meisterwerks ist das Göttlich-Weibliche, und wie viele Künstler legt Sie Ihr Herz, Ihre Seele und Ihre Energien in das Gemälde – und diese Energien sind einzigartig weiblich, denn sie spiegeln Ihre Natur wider. Diese Energien fließen durch unser Dasein, durch die Ebenen unserer Achtsamkeit. Sie fließen durch unser Innerstes und durch die weiblichen Energiezentren in unserem Körper. Bei vielen von uns werden diese Energien von einer dunklen Lage von Einschränkungen überlagert, aber manchmal scheinen ihre leuchtenden Farben in unserem Leben auf. Das verursacht Verwirrung und Störungen, weil wir das gesamte Bild nicht sehen können. Die Gebärmuttersegnung hilft, uns wieder mit diesen Energien in uns zu verbinden – sie zu akzeptieren und zu lieben, während sie langsam in unser Leben zurückfinden, und mit ihnen in Harmonie zu leben, damit wir nicht in die Dunkelheit zurückkehren.

Wenn das moderne Leben unsere Farben verdecken will, kann das Womb Blessing den Dreck fortwaschen und die Lebendigkeit zurückbringen.

Die erste weltweite Gebärmuttersegnung fand an einem Vollmond im Februar 2012 statt. Wie viele Initiativen begann auch diese mit einem offenen Herzen und dem Wunsch zu helfen. Die anfängliche Hoffnung, vielleicht fünfzig Frauen zu erreichen, entwickelte sich schon im selben Jahr zu einer weiblich-spirituellen Bewegung, die Tausende Frauen rund um den Globus erreichte.

Was 2012 begann, hat nicht wieder aufgehört, sondern ist wie eine Knospe zu etwas Schönem aufgeblüht. So wie sich der Mond von sichelförmig zu rund verändert, wieder sichelförmig wird und sich dann versteckt, so wie eine Knospe sich zur Blüte öffnet und dann fruchtet, so wie das Mädchen heranwächst und Mutter wird und schließlich eine alte Frau – so hat auch unser Erwachen etwas Zyklisches.

Was ist ein Womb Blessing?

Die genaue Bezeichnung lautet »Womb Blessing Attunement – Female Energy Awakening«, auf Deutsch: »Gebärmuttersegnungseinstimmung – Erweckung der weiblichen Energie«. Der Einfachheit halber nenne ich es Womb Blessing, Gebärmuttersegnung oder Schoßsegnung. Eine Einstimmung ist eine Energietechnik, die die individuellen Schwingungen verstärkt, um sie mit den spezifischen Schwingungen von Energie in Einklang zu bringen und zu verbinden.

Die Segnungseinstimmung ist speziell für die einzigartige Energiestruktur von Frauen konzipiert. Sie verstärkt die Schwingungen und verbindet sie mit der wunderbaren Schwingung von Göttlich-Weiblicher Liebe und Licht – auch Segnungsenergie genannt. Diese Einstimmung führt zu einem Transformationsprozess der Heilung und Erweckung unserer weiblichen Energien. Diesen Prozess nenne ich »Geburt«.

Womb Blessing ist **ein persönlicher und spiritueller Weg der Heilung und Entwicklung**. Er steht allen Frauen offen, unabhängig von ihrem Hintergrund, ihrem körperlichen Zustand oder ihrem Glauben. Bei unserer Weiblichkeit geht es nicht nur um Fruchtbarkeit, unsere Gebärmutter und den Menstruationszyklus. Es geht um unsere ursprüngliche Weiblichkeit, die allen Frauen innewohnt und die im Energiezentrum in der Schoßregion konzentriert ist. Wir brauchen nicht an die authentische Weiblichkeit oder das Göttlich-Weibliche zu **glauben** – wir **sind** es.

Das Womb Blessing ist eine Methode – **eine Lebensweise** – die, indem wir unsere authentische Weiblichkeit verstehen, zur Selbstermächtigung führt und Vertrauen in unserem Inneren aufbaut.

Mit den Segnungen ist eine **weltweite Gemeinschaft von Frauen** entstanden, die alle spürten – im Herzen, in der Gebärmutter und in den Knochen – dass sie wiederentdecken wollten, was es bedeutet, weiblich zu sein, und die ihre Weiblichkeit neu aktivieren wollten. Es ist eine Gemeinschaft, in der Erfahrungen geteilt werden, in der Frauenprojekte entstehen und die sich auf weibliche Heilung und Entwicklung fokussiert. Sie bietet Frauen ein konkurrenzfreies Umfeld, das sie unterstützt und wertschätzt. Die Struktur der Gemeinschaft ist organisch und wächst mit den Bedürfnissen der Frauen.

Schließlich ist Womb Blessing auch eine **gemeinsame Vision** – ein authentisch weibliches Leben zu leben in einer Gesellschaft, die unsere weiblichen Energien unterstützt. Es ist Pionierarbeit: neue weibliche Wege zu entwickeln, wie wir leben, arbeiten und die Beziehungen zwischen einzelnen Frauen oder Gruppen von Frauen gestalten wollen. Es bedeutet, Traditionen, Gesellschafts-, Erziehungs- und Arbeitsstrukturen zu ändern, damit unsere Töchter und Enkeltöchter in einer Welt aufwachsen können, die die volle Bandbreite weiblicher Fähigkeiten und Energien willkommen heißt und unterstützt.

Durch die Meditationen und Übungen in diesem Buch sowie durch das weltweite Womb Blessing wirst du dich deiner authentischen Weiblichkeit öffnen. Du wirst einen Selbstheilungsprozess in Gang setzen und dich mit dem Göttlich-Weiblichen verbinden. Die Welt wird sich verändern, für dich, für deinen Partner, deine Kinder, jetzt und in der Zukunft – zum Guten.

Es ist meine tiefempfundene Hoffnung, dass das Womb Blessing wächst und viele Frauen erreicht, dass es ihnen eine sichere und unterstützende Familie ist. Ob du allein mit deiner Sehnsucht nach der Verbindung mit deiner Weiblichkeit und dem Göttlich Weiblichen bist, ob Ihre Gegenwart dir neu ist oder ob Sie schon seit Jahren Teil deines Lebens und das deiner Freunde ist – wir sind alle Teil eines einzigen Bildes der heiligen und authentischen Weiblichkeit. Vielleicht ist jetzt die Zeit, uns achtsam zusammenzutun, um unsere weiblichen Energien zu aktivieren und die Dinge auf weibliche Weise zu tun. Wir werden sehen, was daraus entsteht.

Große Veränderungen werden oft von kleinen Gruppen inspirierter Menschen initiiert – ich hoffe, dass dieses Buch dich inspirieren wird.

Jedes Womb Blessing ist ein Geschenk des Göttlich-Weiblichen, durch das Aspekte unserer authentischen Weiblichkeit erwachen und von Einschränkungen und Dunkelheit befreit werden, um die Schönheit, Kraft und Gabe unserer weiblichen Natur zu enthüllen. **Jede Segnung lässt das Mysterium in uns erstrahlen**, das gleichbedeutend ist mit dem Göttlich-Weiblichen, und führt uns auf den Weg, der uns zu unserer wahren und heiligen authentischen weiblichen Natur zurückbringt. **Jede Segnung bringt Heilung und Anerkennung, Liebe und Freude, Führung und Ermächtigung.**

Das **Göttlich-Weiblich** spiegelt sich in allen Frauen,
wie alt sie auch sind und was immer sie tun,
ob sie eine Gebärmutter haben oder nicht,
mit oder ohne Menstruationszyklus.

Die Erweckung weiblicher Energie

Der Weg des Worldwide Womb Blessing zu authentischer Weiblichkeit

Farbige Abbildung unter www.stadelmann-verlag.de oder www.wombblessing.com

Womb-Blessing-Meditation

- Schließe die Augen und richte deine Aufmerksamkeit auf deinen Körper.
- Spüre dein Gewicht auf dem Kissen, das Gewicht deiner Arme in deinem Schoß. Atme tief ein und fühle dich in deinem Inneren zentriert.
- Richte deine Aufmerksamkeit auf deinen Schoßraum. Siehe, wisse, spüre oder stelle dir vor, dass er wie ein Baum ist, mit zwei Hauptästen, wunderschönen Blättern und roten, juwelenartigen Früchten.
- Spüre oder stelle dir vor, wie die Wurzeln tief hinab in die Dunkelheit der Erde wachsen, um dich zu verbinden und zu verankern. Sie leiten goldene Energie in deine Gebärmutter.
- Fühle dich geerdet und im Gleichgewicht. (Pause)
- Nun erlaube deinem Gebärmutterbaum zu wachsen, bis er sich auf der Höhe deines Herzen verzweigt.
- Während du dich mit diesem Bild verbindest, siehe oder fühle, wie sich dein Herzzentrum öffnet und Energie deine Arme hinab und in deine Hände fließt.
- Fühle die verbindende Liebe zwischen der Erde, deiner Gebärmutter und deinem Herzen. (Pause)
- Bleibe mit deiner Achtsamkeit bei deinem Herzen und schaue auf. Die Äste wachsen weiter nach oben, um den Vollmond über deinem Kopf zu wiegen. Der Vollmond badet dich in reinem silbrig weißem Licht, das durch deine Aura hindurch über deine Haut fließt. (Pause)
- Öffne dich, um das Licht des Mondes zu empfangen. Erlaube dem Licht, an deinem Scheitel in dich hineinzufließen und dein Gehirn zu füllen. (Pause)
- Entspanne dich und lasse das Licht in dein Herz eintreten. (Pause)
- Entspanne dich weiter, öffne deine Gebärmutter für diese Energie und empfange den Segen. (Pause)

Um die Meditation zu beenden:

- Richte deine Aufmerksamkeit auf die Wurzeln deines Gebärmutterbaumes und fühle oder erkenne, dass sie tief in der Erde wachsen.
- Bewege deine Finger und Zehen.
- Atme tief ein und aus. Öffne deinen Augen und lächele.
- Nun iss etwas Wunderbares!

Die Entstehung der Welt

Nachdem die Welt entstanden war, öffnete die Erste Frau ihre Augen und sah sich um. Sie sah die Bäume, den Himmel, den Fluss und die Berge und sie fragte: »Wer bin ich?«

Und die Ersten Tiere der Welt kamen zu ihr, um zu antworten. Hasenfrau trat vor und gab der Ersten Frau eine Blume.

»Du bist ein Hase«, sagte sie.

Dann verließ Pferdefrau ihre Herde und gab der Ersten Frau einen Spiegel.

»Du bist ein Pferd«, sagte sie.

Eulenfrau flog herbei und ließ ein gebogenes Messer vor den Füßen der Ersten Frau fallen.

»Du bist eine Eule«, sagte sie.

Bärenfrau setzte sich vor die Erste Frau und übergab ihr eine Schale aus Obsidian.

»Du bist ein Bär«, brummte sie.

Verwirrt betrachtete die Erste Frau die Tiere. »Aber wie kann ich gleichzeitig ihr alle sein?«

Schlangenfrau trat vor und legte der Ersten Frau einen Gürtel um die Hüften und befestigte alle Dinge daran.

»Du bist eine Schlange", sagte sie. »Du fließt.«

Da erschien Mondmutter und badete sie alle in ihrer Schönheit und ihrem Licht.

»Ah, Erste Tochter, du hast herausgefunden, wer du bist«, sagte sie lächelnd.

Die Erste Frau betrachtete den Gürtel, dann sah sie zu ihrer Mutter auf.

»Aber woher weiß ich, wann ich der Hasen-, Pferde-, Eulen- oder Bärenclan bin?«, fragte sie.

Mondmutter antwortete: »Ich werde es dir vom Himmel aus zeigen. Wenn mein Gesicht wächst, sei mit dem Hasenvolk. Siehst du mein volles Lächeln, sei mit dem Pferdeclan. Nimmt mein Gesicht ab, sei mit dem Eulenvolk. Und wenn ich den Himmel verlasse, dann folge mir und überwintere mit dem Bärenclan.«

Und die Erste Frau wusste, wer sie war.

Kapitel 1: Das weltweite Womb Blessing – eine persönliche Reise

Es ist schwer, den Anfang der weltweiten Gebärmuttersegnung zu bestimmen, denn viele meiner vorherigen Erfahrungen haben zu seiner Entstehung geführt. Das Göttlich-Weibliche war immer Teil meines Weges, schon als Zehnjährige habe ich Göttinnen und Priesterinnen gemalt. Für mich gab es keinen Unterschied zwischen meiner Spiritualität und den kreativen Energien, die durch mich hindurchflossen. Die Welt um mich herum war heilig, voller Energien und Inspiration. Als ein Mensch der Bilder und Gefühle fiel es mir schwer, meine Erfahrungen in Worte zu fassen, aber ich wusste, dass ich, indem ich meine Kreativität ausdrückte, in eine wundervoller Beziehung trat zum Göttlichen in der Welt um mich herum und in meinem Inneren.

Mit Ende Zwanzig schrieb ich mein erstes Buch: *Roter Mond – Von der Kraft des weiblichen Zyklus*. Es entstand aus meiner Sehnsucht, zu wissen, wer ich bin, und warum es mir so schwerfiel, weiblich zu sein in einer männlichen Welt. Wie die Erste Frau fragte ich: »Wer bin ich?«

Ich bemerkte die sich verändernden Energien in mir, aber es fehlte mir jegliche Struktur und Sprache, um sie zu verstehen. Deswegen glaubte ich, mit mir stimme etwas nicht. Es war zu der Zeit, als noch nicht so breites Wissen und so viele Hilfsmittel im Internet verfügbar waren. Es war daher nicht leicht, Informationen über die Energie von Frauen, über Heilung und Spiritualität zusammenzutragen.

Ich begann, meine Zyklusbeobachtungen mit anderen Frauen zu teilen, und erfuhr, dass ich nicht allein war mit meinen Erfahrungen. Ich wusste, dass meine Beobachtungen keine neue Entdeckung waren, dass Frauen in der Vergangenheit von diesen Energiewechseln gewusst haben mussten. Daher studierte ich die europäische Mythologie, die Volkskunde und das alte weibliche Wissen, das darin verborgen ist. In der Mythologie fand ich Geschichten über das Göttlich-Weibliche und Antworten darauf, was es bedeutet, weiblich zu sein.

Das Ergebnis dieser Entdeckungsreise war *Roter Mond*. Nachdem das Buch veröffentlicht worden war, begann ich, Workshops anzubieten und alternatives Heilen, energetische und spirituelle Vorgehensweisen zu studieren. Gleichzeitig arbeitete ich als freie Illustratorin. Ich erforschte keltische und westliche spirituelle Systeme, bildete mich in den verschiedenen Formen der Energiearbeit wie Reiki aus und praktizierte sechzehn Jahre lang als Heilerin und Energielehrerin – und arbeitete weiterhin auch als Grafikdesignerin und Multimediaentwicklerin. Mit zunehmendem Bewusstsein für Energie wandelten sich meine Kreativität und Inspiration: Sie drückten sich nicht länger primär in der Kunst aus, sondern durch spirituelle Energiearbeit. Auf der Basis der Energie, die durch mich hindurchfloss, verband ich die verschiedenen Systeme und kreierte neue.

Zur Jahrtausendwende änderten sich die Dinge: Frauen waren nicht mehr daran interessiert, ihre Weiblichkeit zu verstehen oder ihre Verbindung zum Göttlich-Weiblichen zu erforschen. Es dauerte Jahre, bis dieses Interesse wieder neu erwachte. Die ersten grünen Triebe der Veränderung erkannte ich am wieder zunehmenden Interesse an *Roter Mond* und der steigenden Nachfrage, es in verschiedene Sprachen zu übersetzen. Um das Buch zu verbreiten, reiste ich durch mehrere europäische Länder und hielt Tagesworkshops ab. Die Frauen, die ich dort traf, wollten mehr über Weiblichkeit wissen. Sie wollten sich selbst verstehen, ihre weiblichen Energien entdecken und eine persönliche Verbindung zum Göttlich-Weiblichen entwickeln.

Im Dezember 2011 bot meine wunderbare Freundin Belinda Garcia Reyes an, einen Roter-Mond-Workshop in London für mich zu organisieren. Ich fragte sie, was ich zusätzlich zum Workshop den Frauen anbieten könnte, und sie schlug vor, dass ich bei jeder Frau eine Gebärmutterheilung vornehmen könnte. Leider kam der Workshop nicht zustande, aber ihr Vorschlag brachte mich zum Nachdenken – und das ist immer gefährlich!

Ich wollte mehr Frauen erreichen, als es mit kleinen Workshops möglich war, und verspürte den Wunsch, mehr als Heilung anzubieten. Es war mein Herzenswunsch, Frauen zu helfen, ihre authentische weibliche und spirituelle Natur zu erwecken, damit sie ein ganzheitliches, ausgefülltes, besseres Leben führen können.

Die verschiedenen Formen meiner Kreativität sind für mich Wege, die Energie und Präsenz des Göttlich-Weiblichen zu halten und zu teilen. Ihre Anwesenheit begleitet mich und nimmt Form an, indem sie durch mich hindurchfließt. Ich folge Ihren Energien in meinem Körper und lausche Ihrer Stimme in der Natur und den Sternen, in meinem Herzen, meiner Gebärmutter und in der Erde – und auf diese Weise wurde die Energiearbeit, die das Womb Blessing darstellt, geboren.

Die erste Gebärmuttersegnung erhielt ich durch eine Mediation, die aus *Roter Mond* stammt und sich in veränderter Form über die Jahre zu meiner persönlichen Praxis entwickelt hat. Die Energie dieser ersten Segnung war atemberaubend schön. Es war der Beginn einer tiefgreifenden Transformation, die mein Leben grundlegend verändert hat. Diese Meditation nutzte ich jedes Mal, um mich auf das Womb Blessing vorzubereiten und meine Energiekanäle zu öffnen. So kann ich mich mit dem Göttlich-Weiblichen verbinden und Ihre Energien durch mich fließen lassen. Heute dient die Meditation allen Frauen dazu, sich auf die Segnung vorzubereiten.

In fühlte in meinem Herzen, dass die Schwingungen der heiligen weiblichen Energie alle Frauen erreicht, nicht nur die, denen ich persönlich begegne. Geleitet von der Liebe des Göttlich-Weiblichen, geformt durch mein Bewusstsein für die Energie der Segnung und das Wissen um Energietechniken nahm das Worldwide Womb Blessing – die weltweite Gebärmuttersegnung – Gestalt an.

Segnung unserer Weiblichkeit: Warum »Gebärmutter« und warum »Segnung«?

Womb bedeutet »Schoß« oder »Gebärmutter« und ist ein **Symbol** für die ursprüngliche Weiblichkeit, die wir verkörpern, und für das Energiezentrum, das oberhalb des Schoßes bzw. der Gebärmutter liegt. Ob wir eine Gebärmutter haben oder nicht, ist unerheblich, denn das Energiezentrum ist in jedem Fall vorhanden und seine Energien beeinflussen alle Aspekte unseres Lebens – unser Denken, die Gefühle, die sexuellen Energien, unsere Kreativität und Spiritualität. Wir verlieren unsere Fruchtbarkeit, aber nicht unsere wunderbare, magische und kraftvolle Weiblichkeit.

Den Begriff »Segnung« (Blessing) habe ich gewählt, weil ein Segen etwas Alltägliches in seine ursprüngliche heilige Natur zurückverwandelt. Eine Segnung hilft uns, das Göttliche in uns selbst und in der Welt, die uns umgibt, zu erkennen. Viele Frauen sehen in ihrer Gebärmutter mit ihrem Zyklus etwas

Banales, das in ihrem Leben kaum eine Rolle spielt – es sei denn, sie fühlen sich gestört, leiden unter Schmerzen oder wünschen sich ein Kind. Viele Frauen hassen ihren Zyklus, ihre Weiblichkeit und ihren Körper. Sie sind entkoppelt von ihrer heiligen Mitte, vom Energiefluss in ihrem Schoßzentrum. Das Womb Blessing ist die Rückkehr zum Göttlichen, das *allen Aspekten* des Frauseins innewohnt.

Das aus dem Lateinischen abgeleitete Wort Benediktion für Segnung bedeutet »gut sprechen« – eine Gebärmuttersegnung drückt also vor der Welt die positiven Aspekte unserer weiblichen Energien aus. Blessing stammt aus dem Altenglischen und bedeutet, etwas heilig zu machen, insbesondere durch Blut.

Womb Blessing bedeutet:

Die Rückkehr zum ursprünglichen Göttlichen (symbolisiert durch das Wort Segnung oder Blessing) aller Aspekte des Weiblichen (symbolisiert durch die Gebärmutter oder Womb) in einer liebenden Umarmung. In dieser Rückkehr und liebenden Umarmung erkennen wir unser wahres Selbst und finden Kraft und Heilung.

Die erste Einladung

Im Januar 2012 entschied ich mich, das erste Womb Blessing anzubieten. Per E-Mail lud ich zwanzig befreundete Frauen in mehreren Ländern ein, sich mir anzuschließen und die Einladung an interessierte Frauen weiterzuleiten. Ich bot die Segnung viermal am Tag an, damit Frauen aus verschiedenen Zeitzonen daran teilnehmen konnten.

Bei authentischer Weiblichkeit geht es darum, sich zu verbinden, Muster zu weben, etwas zu kreieren, andere zu integrieren und mit ihnen zu teilen. Die Schwingungen der heiligen weiblichen Energie bei der Segnungseinstimmung erhalten wir nicht, um sie zu besitzen, sondern um sie mit anderen zu teilen. Deswegen habe ich eine zusätzliche »Sharing Meditation« oder »Segen-Teilen-Meditation« entwickelt. Sie soll es allen teilnehmenden Frauen ermöglichen, zu einem gegebenen Zeitpunkt durch eine Gebärmutter-zu-Gebärmutter-Verbindung die heilige weibliche Energie miteinander zu teilen.

Ich hatte keine Ahnung, was passieren würde!

Die ersten Anmeldungen freuten mich – und dann fluteten Hunderte E-Mails mein Postfach! Ich nahm mir drei Wochen frei und trotzdem brauchte ich die Hilfe meines Mannes, um die Anmeldungen abzuarbeiten. An den letzten Tagen vor der ersten Segnung erhielt ich täglich Tausend E-Mails aus der ganzen Welt – und jede einzelne haben wir bearbeitet.

Das erste weltweite Womb Blessing wurde zu Vollmond zur Zeit des keltischen Fests Imbolc – oder Lichtmess in den frühen Kalendern – empfangen. Dieser Vollmond in einer Zeit der Erneuerung und des Wachstums in der Natur geht in tiefe Resonanz mit der Erweckung und Aktivierung des Göttlich-Weiblichen und Ihres zunehmenden Wachstums in der Welt.

6029 Frauen in mehr als 80 Ländern nahmen teil.

Ich war schockiert, verwundert und fühlte mich geehrt. Die Göttliche Weiblichkeit hatte gerufen und die Herzen und Schöße der Frauen antworten Ihr.

Was als einsame Beschäftigung begann und als Wunsch, die Gebärmuttersegnung an Frauen rund um den Globus zu schicken, entwickelte sich zu einer Familie von Frauen, die miteinander verbunden waren und einander die göttlich-weibliche Energie schickten.

Reaktionen auf das erste weltweite Womb Blessing

Die vielen Anmeldungen, E-Mails, Facebook-Kommentare, Fotos und Erfahrungsberichte zeigten mir, dass ein weltweites Womb Blessing nicht ausreichte. Die Segnung entsprach einem Herzenswunsch von Frauen quer über die Ländern, Sprachen, Kulturen und Spiritualitätsformen hinweg. Mir kamen die Tränen, als ich all die persönlichen Geschichten las, die ich per E-Mail geschickt bekam. Sie zeigten mir, wie stark und mutig Frauen auch unter erschreckenden Umständen, Situationen und Lebenserfahrungen blieben. In den Stimmen dieser Frauen spürte ich die Kraft des Göttlich-Weiblichen, aber ich hörte auch den Schmerz der zerbrochenen Verbindung mit Ihr.

Von so isolierten Regionen wie den Galapagosinseln, La Réunion oder den polynesischen Inseln, aus arabischen Ländern, Israel, Latein- und Nordamerika, Bali, Korea, Europa, Australien und Indien nahmen Frauen teil – um nur einige der über 80 Länder zu nennen. Irgendetwas verband diese Frauen, irgendetwas in ihrem Herzen reagierte auf die Einladung zum Womb Blessing. Dieses Etwas war ein globaler Wunsch, sich mit dem heiligen Aspekt unserer Weiblichkeit zu verbinden und die Kraft, Kreativität, Sexualität und Spiritualität **von Frauen** wertzuschätzen.

Allein durch die Segnung hatten wir weit mehr erreicht als unser persönliches Erwachen, wir waren Teil einer weiterreichenden Aktivierung geworden – die Erweckung aller Frauen und des Göttlich-Weiblichen in der ganzen Welt. Mein Herz und das der Frauen riefen nach weiteren weltweiten Segnungen.

Mittlerweile gibt es jedes Jahr fünf weltweite Womb Blessings, immer zu Vollmond nahe eines der keltischen Feste. Dies soll die Energien des Göttlich-Weiblichen widerspiegeln, die sich im Mondlicht und im Zyklus der Erde manifestiert. Die letzte Segnung im Jahr findet zu Vollmond zeitnah zur Wintersonnenwende statt. Sie gibt uns die Gelegenheit, uns zu einem Kreis liebender Schwestern zu verbinden, die den Frauen in der ganzen Welt Heilung schenken.

Das weltweite Womb Blessing spricht mit der Stimme des Göttlich-Weiblichen, und Sie spricht viele Sprachen. Es ist mir wichtig, dass alle Frauen Zugang zur Segnungen finden. Es ist den vielen freiwilligen Übersetzerinnen zu verdanken, dass ich so viele Frauen erreichen konnte. Meine erste Einladung war der Funke, aber erst durch die Übersetzerinnen begann das Feuer zu brennen und sich über den Globus auszubreiten. Ich kann diesen Frauen nicht genug für ihre Unterstützung danken – ohne sie gäbe es das Womb Blessing heute nicht in über 150 Ländern.

Die Geburt der Moon Mothers

Bei der Segnung ging es immer darum, dass Frauen sich ihrer authentischen Weiblichkeit bewusst werden. Sie wuchs und veränderte sich hin zu einem organischen weiblichen Weg – unstrukturiert, kreativ, intuitiv, inspiriert und anpassungsfähig. Nach dem ersten Womb-Blessing-Tag wollten viele Frauen lernen, den Segen zu spenden, und in diesem Anliegen hörte ich erneut die Stimme des Göttlich-Weiblichen, und beschloss, Ihrer Stimme zu folgen, mit Ihrer Energie mitzugehen und dem Anliegen der Frauen nachzukommen. Ich wusste, dass das Göttlich-Weibliche diese Frauen rief, damit sie Ihre Energie in individuellen Segnungseinstimmungen verbreiteten. Sie rief die Frauen, an den weltweiten Segnungen teilzunehmen, in denen die Schwingungen der heiligen weiblichen Energie weitergegeben wurden. Und Sie bat sie, Frauen auf ihrem Weg der persönlichen und spirituellen Entwicklung in der Zeit zwischen den weltweiten Gebärmuttersegnungen zu unterstützen.

Aus dem weltweiten Womb Blessing entstand so die persönliche Segnungseinstimmung, die etwas anders wirkt. Die weltweite Segnung arbeitet mit den Mustern, die *die Gruppe* zu einer gegebenen Zeit klären muss, während die persönliche Segnung sich auf die Muster konzentriert, in denen eine *individuelle* Frau am meisten Erweckung und Heilung benötigt. Beide lösen eine Transformation aus, bewirken energetische Veränderungen, die schließlcih zur Heilung führen.

Der erste Trainingsworkshop für das Womb Blessing fand im April 2012 in London statt und initiierte bei mir wie bei den teilnehmenden Frauen einen neuen Weg. Wir wurden die ersten Moon Mothers – Mondmütter – Frauen, die die Erweckung der authentischen Weiblichkeit unterstützen und verbreiten wollten. Das darauf folgende Womb Blessing mit den neuen Moon Mothers war eine wunderschöne und kraftvolle Erfahrung. In unserem Netzwerk, dass mittlerweile den Globus umspannte, leuchteten helle Sterne auf – jeder von ihnen war eine Moon Mother (Mondmutter), die die heilige weibliche Energie in ihrem Land verankerte und sie durch die entstandene Gebärmutterverbindung zu den anderen teilnehmenden Frauen sandte.

Moon Mothers: Frauen, die Frauen helfen wollen

Als immer mehr Frauen an den weltweiten Veranstaltungen teilnahmen, erhielt ich die ersten Einladungen in andere Länder. Mit jeder Einladung sagte mir die Göttlich-Weibliche Stimme, wo ich das Womb Blessing verbreiten sollte. Und jede Moon Mother half, dass Womb Blessing noch mehr Frauen erreichte.

Das Engagement, mit der Frauen das Training absolvieren, inspiriert mich. Für die ersten Workshops fuhren Frauen des Nachts durch das Land, die Kinder schlafend auf dem Rücksitz. Sie kamen per Flugzeug von Europa und Kanada, Australien, Mexiko und Peru, was für viele eine große finanzielle Herausforderung war. All diese Frauen zu treffen erfüllte mich mit Demut und zeigte mir, wie groß ihr Herzenswunsch war, wie groß ihr Mut und ihre Leidenschaft. Mir wurde klar: Wenn Frauen so viel Hingabe für das Göttlich-Weibliche bewiesen und reisten, um zu lernen, dann musste auch ich um die Welt reisen, um zu lehren.

Das Alter der Moon Mothers rangiert zwischen 18 und über 80 Jahre, ihr Hintergrund und ihre Erfahrungen sind verschieden, aber zwei Dinge haben alle gemein: Sie verspüren den Ruf des Göttlich-Weiblichen in ihrem Herzen und teilen das Womb Blessing mit Begeisterung, Engagement und Liebe. Dabei machen diese Frauen eine intensive und kraftvolle persönliche und spirituelle Entwicklung durch. Bei jeder Segnung, die sie geben, empfangen sie selbst ebenfalls die Segnung und öffnen sich immer mehr der authentischen Weiblichkeit und dem Göttlich-Weiblichen. Sie sind Pfadfinderinnen, Frauen, die auf energetischer Ebene den Weg vorgeben, damit andere Frauen ihnen folgen können. Gleichzeitig halten sie mehr Schwingungen der authentischen Weiblichkeit, sodass andere Frauen in Resonanz gehen und mitschwingen können.

Moon Mothers und die Harmonisierung der weiblichen Energie

Die meisten Frauen empfinden bei jeder Segnung große Freude, eine tiefe Verbundenheit und Seelenfrieden. Aber bei einigen wirkt der Geburtsprozess körperlich oder emotional intensiv. Um diesen Frauen zu helfen, lernen Moon Mothers die *Gebärmutterheilung* oder *Womb Healing*. Diese Harmonisierung der weiblichen Energie konzentriert sich auf die drei weiblichen Hauptenergiezentren und bringt Aspekte der Energie, die blockiert oder erschöpft sind, zurück ins Gleichgewicht. Mit der Zeit entwickelte sich diese Heilung weiter und wird nun auch eingesetzt, um Frauen auf das weltweite Womb Blessing vorzubereiten, um Mädchen zu unterstützen, während sie zur Frau werden, und um Frauen bei ihrem Menstruationszyklus oder bei körperlichen Problemen zu helfen.

Die Harmonisierung der weiblichen Energie kann auch Frauen in oder nach den Wechseljahren unterstützen. Die erste Zeit nach der letzten Menstruation kann ebenso herausfordernd sein wie die Zeit davor, denn viele Frauen machen auch dann noch zahlreiche Veränderungen durch.

Womb-Blessing-Gruppen weltweit

Der Ruf des Göttlich-Weiblichen ist eine starke treibende Kraft, die das Womb Blessing wachsen und sich entwickeln lässt. Viele Frauen in der ganzen Welt spürten Ihren Ruf, sich zu verbinden und miteinander zu teilen. So entstanden Womb-Blessing-Gruppen unabhängig von einander in den verschiedensten Ländern. Einige sind klein und bestehen aus einigen Freundinnen oder Verwandten, andere sind groß und öffentlich mit über 100 Mitgliedern. Über Skype oder Internetkonferenzen stehen manche Gruppen über Ländergrenzen hinweg in Verbindung, um gemeinsam zu meditieren.

Das weltweite Womb Blessing ist zu einer wunderbaren Feierlichkeit geworden und segnet zugleich alle Aspekte unserer Weiblichkeit. Manche Frauen hat es dazu inspiriert, sich mit anderen zu treffen, vor allem in Gegenden, in denen sie das Gefühl hatte, sie stünden allein da mit ihrer Sehnsucht und ihren Erfahrungen. Frauen, die keine Gruppe vor Ort haben oder die in einer Gesellschaft leben, in der sie ihre authentische Weiblichkeit nicht offen ausdrücken können, finden in den weltweiten Veranstaltungen eine weibliche spirituelle Familie, die sie bei ihrer Erweckung unterstützt und alle Aspekte ihrer Weiblichkeit als gut, wertvoll und schön wertschätzt.

All das war möglich, weil Frauen auf ihr Herz vertrauten und großzügig Zeit und Können investiert haben. Mein ursprüngliches Angebot war nur der Funke, jetzt gehört das Feuer den kreativen und inspirierenden Frauen, die es nähren und andere Frauen darum herum versammeln, um Geschichten, Tränen, Freude und Erfahrungen miteinander zu teilen.

Die jüngste Teilnehmerin einer weltweiten Gebärmuttersegnung, von der ich weiß, ist neun Jahre alt, die älteste 91. Wir alle haben so viel Licht und Lebendigkeit, Mut und Begeisterung, Liebe und Kraft, dass wir mit anderen Frauen teilen können, egal wie alt wir sind.

Womb Blessing bedeutete für mich eine riesige Herausforderung und eine große Veränderung. Manchmal gehe ich so weit raus aus meiner Wohlfühlzone, dass ich schon gar nicht mehr weiß, wie sie aussieht. Womb Blessing war und wird immer im Dienst des Göttlich-Weiblichen stehen und will Frauen in Übereinstimmung mit Ihrer Liebe erwecken. Wenn Frauen mit so viel Kraft und Hingabe dem Ruf des Göttlich-Weiblichen folgen, dann kann die Erweckung nur der Beginn sein für etwas Staunenswertes, das die Welt verändern wird.

Übung

Der Mond in deinem Inneren – Verbinde dich mit dem Mond im Energiezentrum in deinem Schoß

Diese sanfte Übung schafft eine Verbindung zwischen dir und dem Energiezentrum in deinem Schoß. Sie fokussiert auf den Unterbauch und das Becken, das eine wunderbare Schale für ein heranwachsendes Baby bildet.

Die folgende Meditation ist ein schöner Weg, deine Aufmerksamkeit vom Kopf hinunter in deine Gebärmutter zu lenken – dem Zentrum deiner weiblichen Energie und Kraft. Sie kann helfen, Stress und Anspannung im Alltag zu lösen. Je mehr du auf dieses Zentrum achtest, desto mehr wird es dich erden und dir Kraft spenden.

Wie alle Meditationen in diesem Buch, brauchst du keine Gebärmutter oder einen Menstruationszyklus zu haben, um sie machen zu können und davon zu profitieren.

- Schließe die Augen und richte deine Aufmerksamkeit auf deine Gebärmutter oder auf das Energiezentrum, das deinen Unterbauch bedeckt.
- Atme tief in deinen Bauch und entspanne dich.
- Spüre, wisse oder stelle dir vor, dass eine wassergefüllte goldene Schale in der Wiege deines Beckens liegt.
- Schaue in die Schale: Der Vollmond und die Sterne spiegeln sich darin.
- Atme noch einmal tief ein und aus und entspanne die Muskeln in deinem Bauch.
- Nimm nun den Vollmond über dir wahr. Sein Licht reflektiert sich in deiner Gebärmutter. Siehe oder wisse, dass du das Mondlicht in dir hältst.
- Beobachte, wie du dich fühlst.
- Beobachte alle körperlichen Wahrnehmungen.
- Dein Energiezentrum im Schoß ist mit den Zyklen, den wunderbaren Energien und der Liebe des Göttlich-Weiblichen verbunden.
- Wenn du bereit bist, lege deine Hände auf deinen unteren Bauch. Nimm einen tiefen Atemzug, öffne die Augen und lächle.

Kapitel 2: Was macht unseren Schoßraum so wertvoll?

Eines Morgens saß die Erste Frau an einem Fluss und formte eine Schale aus dem Schlamm. Als sie von der Sonne getrocknet war, war sie so schön, dass die Ersten Tiere kamen und sie bewunderten. Als die Tiere und die Erste Frau am Abend müde und durstig waren, füllten sie die Schale mit Wasser aus dem Fluss und tranken. Jetzt wurden die Tiere hungrig. Aber da die Erste Frau nichts zu essen für sie hatte, rief sie die Mondmutter, deren volles Gesicht am Himmel erschienen war.

»Mutter, hilf mir bitte. Ich brauche Futter für die Tiere. Was kann ich tun?«

Mondmutter rief: »Fülle deine Schale mit meinem Licht und es wird genug für alle geben.«

Die Erste Frau hob die Schale über ihren Kopf, um sie mit Mondlicht zu füllen. Als sie sie wieder herunternahm, fand sie jede erdenkliche Nahrung darin. Daraufhin kamen die Tiere und fraßen, bis sie satt und schläfrig waren. Dann legten sie sich zu Füßen der Ersten Frau und schliefen ein.

Auch die Erste Frau war müde, aber sie wusste nicht, wo sie die Schale abstellen sollte. »Mutter«, rief sie, »ich weiß nicht wohin mit meiner Schale. Kannst du sie bitte für mich aufbewahren?«

Mondmutter antwortete: »Ich stelle sie an einen sicheren Ort, dann kannst du sie nutzen, wann immer du sie brauchst.«

Daraufhin verwandelte sie die Schale in Licht und platzierte sie mit einem einzigen Strahl des Mondlichts im Schoß der Ersten Frau.

»Ah«, seufzte die Erste Frau und schlief ein, die Hände über ihre neue Schale gelegt.

Der Blickwinkel der modernen Welt

Entkoppelung von unserem vollen Sein

Die modernen Wissenschaften und die Medizin haben maßgeblich unser Gefühl für unseren Schoßraum geprägt.

Der männliche Ansatz der Objektivität und des »Reparierens« hat viele Frauen von einem subjektiven, auf Erfahrung beruhenden Bewusstheit für die weiblichen Energien abgebracht und verhindert eine Wertschätzung dieser wichtigen Erfahrungen. Das Schoßzentrum, der Geist und das Herz sind eng miteinander verbunden – nur mit dem Körper zu arbeiten würde bedeuten, Frauen von ihrem vollen Sein, von ihrer vollen Selbstwahrnehmung und dem vollen Leben zu entkoppeln. Das Ergebnis dieser Isolation des Selbst ist ein Leben in unbewusster Angst.

Wenn die Gesellschaft uns das Gefühl der Ganzheit, der Kreativität und Ermächtigung in unserem Leben nimmt, wenn natürliche Aspekte von uns inakzeptabel oder wie eine Bedrohung für unser Leben oder unseren Status erscheinen, dann triggert dies den primitiven Impuls, zu fliehen oder zu kämpfen. Diese zwei Reaktionen zeigen sich in unserem Leben in Form von Phasen, in denen wir von Furcht, Wut oder Aggression getrieben werden oder in denen Angst und das Gefühl, verletzlich zu sein, uns behindern. Diese primitiven Impulse und der Stress überlagern die wunderbaren Veränderungen und Möglichkeiten, die in unserem Zyklus liegen, und entfremden uns mehr und mehr von den unterstützenden und lebensbejahenden Erfahrungen, die der Zyklus mit sich bringt. Wir empfinden keine Freude mehr an einer spirituellen Beziehung mit der Welt und oder daran, unsere Inspiration und kreative Kraft zu entfesseln und auszudrücken. Wenn wir nicht verstehen, warum wir uns getrennt fühlen, dann kommen Frustration, innere Unruhe und Selbsthass auf. Körperliche Probleme mit der Gebärmutter und dem Zyklus und Beziehungsprobleme können die Folgen sein. Das Leben fühlt sich unausgefüllt an, ihm fehlen Ziel und Richtung.

In den 1960er- und 1970er-Jahren befreite uns die »Pille« von der Angst, schwanger zu werden. Aber sie unterstützte auch die wissenschaftsgeleitete Sichtweise, den weiblichen Körper und seinen Menstruationszyklus kontrollieren und »reparieren« zu können. Mehr noch als die versprochene Freiheit hat die »Pille« die folgenden Generationen vom Zyklus und den weiblichen Energien entfremdet. Im Idealfall werden die Gebärmutter und der Zyklus als irrelevant angesehen, im schlimmsten Fall sogar als negativ.

Die Wissenschaften und die Medizin »lösen« körperliche »Probleme«. Durch subtile (und manchmal auch gar nicht so subtile) Werbung erklären pharmazeutische Unternehmen uns Frauen, dass unser weibliches Kraftzentrum, unser Schoßraum, ein Problem darstellt, das unterdrückt werden muss. Das eigentliche Problem – das Leben in einer Gesellschaft, die uns dazu zwingt, unsere Weiblichkeit auf nicht natürliche Weise auszudrücken – wird nicht angesprochen. Daher nehmen die körperlichen und geistigen Probleme von Frauen weiterhin zu.

Sich wieder verbinden: Hoffnung und der Weg in die Zukunft

Zu einem gewissen Grad haben wir alle die Verbindung zu unserem Schoßraum verloren, denn keine von uns ist in einer Gesellschaft aufgewachsen, die unsere authentische Weiblichkeit wertschätzt und unterstützt und uns die Freiheit lässt, ein wirklich weibliches Leben zu führen.

Das Womb Blessing öffnet einen neuen Weg, nicht nur für uns selbst, sondern auch für kommende Generationen. Die Segnungen heilen und befreien, sie bieten die Möglichkeit, mit uns selbst und unserem Körper »im Reinen« zu sein. Sie geben uns, wonach wir uns sehnen – dass wir uns authentisch, verbunden und ganz fühlen.

Übung

Sich mit der Gebärmutter verbinden

Sich zu verbinden heißt, sich selbst wahrzunehmen.

- Nimm dir einen Moment Zeit, um zu entdecken, wo in deinem Körper dein Selbstgefühl lokalisiert ist.
- Die Antwort könnte lauten: In meinem Kopf. Oder in einem Moment der Liebe: In meinem Herzen.
- Lenke deine Aufmerksamkeit nun auf deine Handflächen. Spürst du sie? Sind sie ein Teil von dir? Sind sie Teil deines Selbstgefühls?
- Was ist mit deinen Fußsohlen, spürst du sie? Sind sie ein Teil von dir?
- Richte deine Aufmerksamkeit nun auf deinen Schoßraum, das Zentrum in deinem Unterbauch. Spürst du es? Ist es Teil deines Selbstgefühls?

Für die Kopfmenschen unter uns kann es schwierig sein, ein Gefühl für uns selbst in unserer Gebärmutter zu entwickeln – es sei denn, wir sind schwanger oder uns plagen prämenstruelle Krämpfe. Dieses fehlende Bewusstheit in unserer Gebärmutter und das fehlende Selbstgefühl in diesem Teil von uns ist das Ergebnis unserer Entkoppelung.

Vielleicht hast du bei dieser einfachen Übung bemerkt, dass dein Schoßraum auf die Aufmerksamkeit, die du ihm gewidmet hast, reagiert hat. Vielleicht beginnst du, seine Anwesenheit zu spüren, möglichweise krampfen die Muskeln auch ein wenig. Deine Gebärmutter reagiert auf die Aufmerksamkeit, weil sie die natürliche Verbindung zwischen ihm und deinem Geist wiederherstellen will.

Übung
Der magische Schoßraum: Bewusstheit in der Gebärmutter oder Schoßzentrum

Den ersten Schritt, uns mit unserem Schoßraum zu verbinden, haben wir getan. Jetzt können wir beginnen, eine interaktive und liebevolle Beziehung aufzubauen. Die folgende Meditation stammt aus *Roter Mond* und führte mich auf die Reise zum Womb Blessing.

Wenn du keine Gebärmutter hast, kannst du dich mit dieser Meditation trotzdem mit deinem Schoßzentrum verbinden, indem du dir Gebärmutter und Eierstöcke einfach vorstellst.

- Schließe die Augen und entspanne dich.
- Richte deine Aufmerksamkeit auf deinen Schoß.
- Stelle dir bildlich die Gebärmutter und die beiden Eileiter mit den Eierstöcken vor.
- Werde dir erst des einen, dann des anderen Eierstocks bewusst. Vielleicht spürst du jetzt Spannung oder Wärme in deiner Gebärmutter.
- Stelle dir nun vor, wie deine Gebärmutter größer wird, bis sie deinen Körper vollständig umhüllt.
- Spüre deine Eileiter an deinen Schultern und breite die Arme wie Zweige aus. Die Eier hältst du wie Bündel von Früchten in deinen Händen.
- Erlaube der Energie deines Schoßzentrums, in dir aufzusteigen und durch die Arme bis in die Finger zu fließen, die anfangen zu kribbeln.
- Fühle dich eins mit deinem Schoßraum.
- Senke langsam die Arme und lasse das Bild deiner Gebärmutter schrumpfen, bis sie ihre normale Größe erreicht.
- Nimm die Präsenz deiner Gebärmutter in deinem unteren Bauch wahr.
- Atme tief ein und aus und öffne dann die Augen.

Es kann sein, dass du nach dieser Übung tiefen Frieden verspürst. Vielleicht möchtest du auch die neu gewonnene Energie kreativ nutzen.

Wie fühlst du dich?

Haben deine Gebärmutter und die Eierstöcke auf die Aufmerksamkeit, die du ihnen geschenkt hast, reagiert? Schreibe deine Erfahrungen auf.

Probiere diese Meditation in den verschiedenen Phasen deines Menstruationszyklus oder in den verschiedenen Mondphasen aus, um die Energien zu wecken, die in den jeweiligen Phasen zu dir gehören.

Die Gebärmutter: Sitz der weiblichen Kraft

Das Energiezentrum im Schoß ist *das* Zentrum der Kraft und Ermächtigung für Frauen. Es ist unser Energietor zur Erde. Wenn es offen ist und verbunden, steigt die Energie der Erdmutter in uns auf und füllt uns mit Lebendigkeit, einem positiven Körpergefühl, dem Glauben an uns selbst, mit Sinnlichkeit und dem Gefühl der Verbundenheit mit der physischen Welt um uns herum. Wir fühlen uns in unserem Innersten ganz und unversehrt, zentriert und ruhig, wir sind eins mit unserem Körper und der Erde. Gebärmutter und Herz verbinden sich und unser Herz tritt mit dem strahlenden Schoßzentrum in Resonanz. So können wir unsere Kraft ausdrücken und liebevoll einsetzen.

Unser Zyklus übt eine kraftvolle Wirkung auf alle Aspekte unseres Lebens aus – auf unsere körperlichen, seelischen und emotionalen Energien, unsere Bedürfnisse und Träume, unsere Kreativität, Sexualität und Spiritualität, unsere Beziehungen und unsere Arbeit. Ob wir uns der sich verändernden Energien bewusst sind oder nicht, in unserem Leben gibt es nichts, das nicht vom Zyklus beeinflusst wäre. Die Göttliche Weiblichkeit und Ihre Muster, die unsere authentische Weiblichkeit prägen, sind präsent in unserem Leben!

Die Beziehung zu unserem Schoßzentrum ist interaktiv, sie beschränkt sich nicht auf unseren Körper und die Gefühle, sondern drückt sich auch durch unseren Geist und unsere Gedanken aus. Wie wir uns selbst, unser Leben und die Welt um uns herum wahrnehmen, kann sich auf den Schoßraum und den Zyklus auswirken. Andersherum können unsere Gebärmutter und unser Zyklus unser Denken grundlegend beeinflussen.

Unser Schoßzentrum und seine Energien haben eine tiefgreifende und kraftvolle Wirkung auf alle Aspekte unseres Lebens.

Unser Denken lokalisieren wir im Kopf, unsere Liebe im Herzen. Jetzt müssen wir unsere Gebärmutter zurückerobern, um unser ermächtigtes weibliches Ich zu verorten.

Sitz der weiblichen Seele

Das Schoßzentrum ist auch der spirituelle Sitz der weibliche Seele, unseres Musters der authentischen Weiblichkeit. Weil die Verbindung zu unserem Schoßzentrum unterbrochen ist, fühlen wir uns nicht mehr ganz, als wären wir unvollständig. Wir haben auch den Kontakt zur göttlichen Führung und zum Sinn verloren. Uns fehlt das Gefühl der Selbstwirksamkeit, der dauerhaften inneren Stärke und des Friedens.

Das Schoßzentrum verbindet uns mit der Erde und dem Mond, dem Materiellen und dem Spirituellen. Indem wir Körper, Herz und Geist durch den spiralförmigen Zyklus der sich verändernden Energien zusammenfügen, verkörpern wir das Göttlich-Weibliche, das der Ursprung der Zyklen des Universums und der Creatrix des Lebens ist. Das Schoßzentrum gibt uns Kraft, denn wir erkennen, dass nichts jemals wirklich verloren ist – alles existiert innerhalb der universellen Gebärmutter und ist Teil seines Zyklus von Veränderung und Schöpfung.

Die Kraft des Zyklus: Mehr als Fruchtbarkeit

Die Gebärmutter hat weit mehr zu bieten, als »nur« für die nächste Generation zu sorgen oder Schmerzen zu verursachen. Wenn die zyklischen Energien keinen Vorteil bringen würden, dann hätte die Evolution sie schon vor Tausenden von Jahren abgeschafft! Die Frage, die wir uns stellen müssen, lautet:

Welchen zusätzlichen Wert haben unsere Zyklen
und die damit verbundenen Energien, dass Mutter Natur
sie als Teil der weiblichen Natur aufrechterhält?

Wenn wir eine besonders herausfordernde (prä)menstruelle Phase erleben, sollten wir uns vielleicht auch fragen: Welchen Vorteil bietet mir diese Erfahrung oder dieses Verhalten? Welchen Nutzen hat es für das Überleben, für mich selbst oder die Gesellschaft? – Es gibt einen.

Welchen Wert besitzt der Menstruationszyklus zusätzlich zur Fruchtbarkeit?

Der Menstruationszyklus umfasst zwei Zyklen: einen Zyklus der **Erneuerung körperlicher Kraft und Stärke** und einen Zyklus der **unterschiedlichen Ebenen von Denken und Wahrnehmung**.

Jeder Zyklus birgt die wunderbare Möglichkeit, unsere mentalen, emotionalen und körperlichen Energien aufzuladen. Jeden Monat verschafft uns die Natur etwa eine Woche Pause, in der sie die Energien für den nächsten Zyklus wiederaufbaut. In dieser Ruhephase geschieht etwas Wundervolles: Wir gewinnen Zugang zu unserer körpereigenen Selbstheilungsfähigkeit – allerdings nur, wenn wir die Bedürfnisse unseres Körpers achten und uns ausruhen.

Jeder Zyklus ist auch eine aufregende Reise durch die verschiedenen Ebenen unserer Wahrnehmung. Uns Frauen wird manchmal vorgeworfen, wir würden ständig unsere Meinung ändern. Das stimmt! In jeder Phase des Zyklus dominiert eine andere Form des Bewusstseins, die unsere Sicht der Dinge beeinflusst. Die Reise durch den Zyklus führt von unserem rationalen Intellekt hinab zu den tiefsten Ebenen unseres Bewusstseins – zu unserem Seelen-Geist. Nur wenn wir unseren Seelen-Geist in der Menstruationsphase dominieren lassen, gewinnen wir Zugang zu den natürlichen Energien und Rhythmen, die wir auch im Schlaf erreichen. Dann profitieren wir auch von der Heilung, die dieser Zustand bringt.

Die Ebenen des Bewusstseins, die wir während des Zyklus durchlaufen, sind:

1. Der **denkende Geist**. Er dominiert die Phase vor dem Eisprung und wird oft als Zeit des besonders rationalen und positiven Denkens und der geistigen Kreativität empfunden.
2. Der **fühlende Geist**. Er dominiert die Zeit des Eisprungs, in der wir meist intensive Gefühle und Empathie sowie praktische Kreativität erleben.

3. Der **unterbewusste Geist**. Er dominiert die prämenstruelle Phase, also die Tage vor der Blutung, und wird als die Zeit besonderer Verhaltens- und Gefühlsmuster sowie intensiver Intuition und inspirierter Kreativität wahrgenommen.
4. Der **Seelen-Geist**. Er dominiert die Menstruationsphase, wenn wir in einem tief empfundenen Gefühl des Einsseins, des Verbundenseins und der spirituellen Weisheit ruhen.

Jeder Zyklus ist ein Zyklus der persönlichen Heilung und der Erneuerung unserer Energien. Jeder Zyklus ist ein Zyklus unterschiedlicher Formen zu denken, kreativ zu sein, ein Zyklus sich wandelnder sexueller Energie und fließender Spiritualität.

So bieten sich uns **vier mögliche Wege**, Probleme zu lösen, Veränderungen herbeizuführen, Aufgaben anzugehen, eine Familie zu gründen und die Welt um uns herum zu erschaffen. Diese wunderbare und kraftvolle Natur von Frauen ist einzigartig – Männer erleben keinen Menstruationszyklus, und kein anderes Lebewesen auf der Welt kann diese sich wandelnden Fähigkeiten auf die Art nutzen, wie wir Frauen es tun.

Vermutlich sind wir Frauen die flexibelsten, talentiertesten und kreativsten Lebewesen auf diesem Planeten.

Auf diesen sich verändernden Aspekte des Weiblichen gründet die menschliche Kultur. Die zyklische Kreativität, Wahrnehmung und Energie von Frauen ermöglichte die Entwicklung von Familien, Beziehungen und Gemeinschaft. Wir können dem weiblichen Zyklus auch für die Entwicklung der Landwirtschaft, des Kochens, von Handwerks und Handel, Lehre, Kunst und Spiritualität danken.

All diese Dinge prägten die ursprüngliche Kultur und Gesellschaft, und der Menstruationszyklus ist eng verwoben mit dem Erfolg der menschlichen Spezies.

Menopause: Jenseits des Menstruationszyklus

Wenn Weiblichkeit gleichzusetzen wäre mit Fruchtbarkeit, sollten wir uns eine Frage stellen:

Warum leben Frauen nach ihren fruchtbaren Jahren weiter?
Welchen Nutzen sieht Mutter Natur in diesen Frauen?

Die Energien des Menstruationszyklus sterben nicht, wenn der Zyklus aufhört. Stattdessen bilden sie gemeinsam einen neuen Typ Frau: eine Vollendete Frau. Beim Übergang von der Zyklischen Frau – mit Menstruationszyklen – zur Vollendeten Frau – ohne Menstruationszyklen – entsteht eine neue Form der Weiblichkeit mit ihren eigenen Stärken und Gaben und ihrer eigenen Weisheit. Wir verwandeln uns wie eine Raupe in einen Schmetterling und betreten das dritte der vier Lebensstadien einer Frau. Die Stadien sind das junge Mädchen, die fruchtbare Frau, die nichtzyklische Frau und die ältere Frau.

Um in das nichtzyklische Lebensstadium überzugehen, entwickeln wir uns in eine neue weibliche Daseinsform. Mit der Zeit geht die Phase in das Stadium der älteren Frau über, die sich mehr der spirituellen als der äußeren Welt zuwendet. Sukzessive verändern wir uns – dabei erwartet die Gesellschaft von uns, dass wir immer gleich bleiben, wenn wir überleben und »wertvoll« sein wollen.

Modernen Frauen bietet sich ein beängstigendes
Bild des Alterns als Degeneration ohne sozialen oder
spirituellen Status.

Die Natur sieht jedoch das Gute in diesen Vollendeten Frauen. Sie besitzen Weisheit und Erfahrung. Beim Wandel von der Zyklischen hin zur Vollendeten Frau bittet uns die Natur, alle Aspekte und Energien unserer authentischen Weiblichkeit, die wir bisher nicht ausgelebt haben, anzunehmen, um eins mit ihnen zu werden. Die Vollendete Frau nimmt die Welt auf tiefere und weitere Art wahr. Sie fokussiert eher auf die zukünftigen Generationen, weniger auf persönliche Ziele. Ihre Spiritualität und ihr spirituelles Bewusstsein vertiefen sich, wodurch sie eine Verbindung zwischen der Gesellschaft und dem Göttlich-Weiblichen schafft. Sie ist die helfende Hand, die Beschützerin der Vergangenheit und Zukunft, vereint das Alte und das Junge. Die kreative Kraft ihres Zyklus liegt in ihrem Schoßzentrum, wo sie ihr Blut zurückhält, bereit, der Welt ihre Wünsche und Träume zu offenbaren.

Die Vollendete Frau verkörpert die emotionale Stärke und Liebe der Mutter, die dynamische Energie des jungen Mädchens, die Intuition und Inspiration der Priesterin und die innere Ruhe und die durchdringende Weisheit der älteren Frau. Kein Wunder also, dass die Natur sie behalten will – und dass so viele Kulturen sie entmachten wollten.

Die Gebärmutter mit ihren Zyklen und Energien bietet weit mehr, als moderne Kulturen erlauben.

Unsere Bestimmung als Frau ist einfach:
authentisch weiblich zu sein und die damit verbundenen
Energien und Gaben zu akzeptieren, zu lieben und
auszudrücken.

Übung

Die Schale umrühren: das Schoßzentrum energetisieren

Diese einfache Visualisierung ist eine kraftvolle Möglichkeit, die Energien im Schoßzentrum zu revitalisieren. Du kannst sie täglich ausführen. Wenn du dich in der vorherigen Übung von deinem Schoßzentrum getrennt gefühlt hast, dann musst du diese Visualisierung vielleicht ein paar Mal machen, bevor du eine Veränderung in deinen Energien oder Gefühlen bemerkst.

Diese Übung gilt auch als Vorbereitung für das weltweite Womb Blessing. Je besser du dich mit deinem Schoßzentrum verbindest, desto bewusster wirst du die Wirkung der Energien der Gebärmuttersegnung erleben.

- Setze dich auf einen Stuhl oder den Boden und lege die Hände locker im Schoß ab.
- Richte deine Aufmerksamkeit auf deinen unteren Bauch.

- Stelle dir eine wunderschöne goldene Schale vor, die in deinem Becken ruht. Sie ist mit strahlender goldener Flüssigkeit gefüllt.
- Stelle dir nun vor, wie du mit einem großen Silberlöffel die Flüssigkeit in der Schale umrührst.
- Zeichne Kreise und liegende Achten mit dem Löffel, erst in die eine, dann in die andere Richtung. Versetze die Energien in deinem Schoßzentrum in Bewegung!
- Tue dies etwa fünf Minuten lang. Genieße es!
- Lege nun für ein paar Minuten deine Hände auf deinen Unterbauch und nimm achtsam wahr, wie du dich fühlst, was du siehst oder weißt.
- Wenn du bereit bist, die Übung zu beenden, lächele und empfinde Dankbarkeit. Bewege Finger und Zehen und öffne dann die Augen.
- Trinke etwas Wasser und iss etwas Leckeres!

Einige Frauen reagieren körperlich stark auf diese Übung. Besonders Gebärmutterkrämpfe können ein Zeichen dafür sein, dass du von den Energien deiner Gebärmutter getrennt bist oder dass du unterschwellig körperlich unter Stress stehst, weil du nicht in Harmonie mit deiner zyklischen Natur lebst.

Bei Krämpfen kann es sinnvoll sein, die Übung zu unterbrechen und ein warmes Bad zu nehmen oder eine Wärmflasche auf den Bauch zu legen. Betrachte die Krämpfe als positives Zeichen für die interaktive Beziehung zwischen deinem Geist und deiner Gebärmutter. Diese Interaktion kannst du nutzen, um eine positive Beziehung aufzubauen.

Andere Frauen fühlen sich nach dieser Übung zentriert und stark, energetisiert und sexy.

Kapitel 3: Was ist das Göttlich-Weibliche?

Eines Nachts, als alle Tiere bei sich daheim schliefen, fühlte die Erste Frau sich einsam. Sie nahm die Schale aus ihrem Bauch und sah hinein.

Zuerst sah sie nur die kleinen Wellen auf der Wasseroberfläche. Daher rührte sie das Wasser in der Schale um und sah erneut hinein. Nun erkannte sie in der Schale ihr Gesicht, das sich langsam zu dem einer reifen Frau und weiter zu dem einer älteren Frau wandelte. Überrascht sah sie genauer hin.

Sie rührte erneut in der Schale und dieses Mal sah sie das Erste Land unter einer Schneedecke. Während sie das Land betrachtete, schmolz der Schnee und die leuchtend grünen Triebe des Frühlings erschienen an den Bäumen. Langsam wechselten die Blätter die Farbe zum Smaragdgrün des Sommers und schließlich zu den Gold- und Rottönen des Herbstes. Dann wurden die Bäume winterlich kahl.

Erneut rührte die Erste Frau um und sah nun den zunehmenden Mond, der am Himmel aufstieg und voll wurde, dann wieder abnahm, bis er sich ganz verdunkelte.

Als sie noch einmal das Wasser umrührte, sah sie, wie die Sterne am Nachthimmel aufstiegen und wieder hinter dem Horizont verschwanden.

Sie hob die Schale und betrachtete sie voller Verwunderung. Sie war so klein, und umfasste doch das gesamte Universum!

Alte Weisheit: Den Fluss der weiblichen Energien verstehen

In der Vergangenheit wurde das Göttlich-Weibliche als das Universum wahrgenommen. Ihr Körper umfasste alles – die Tiere, die Erde und Ozeane, die Planeten und Sterne. So wie unser Geist und unsere Lebenskraft in unserem Körper wohnen, so wohnt das Göttlich-Weibliche im Universum. Es gibt nichts, das nicht zugleich das Göttlich-Weibliche ist, Sie ist die eine und Sie ist viele, alles ist ein Teil von Ihr. So wie wir verschiedene Körperteile haben – Zehen, Brüste, Augen, Knochen usw. – so gibt es auch vielfältige Teile des Göttlich-Weiblichen. Unser Körper ist Ihr Körper, unser Geist und unsere Lebenskraft sind Ihre Energie und Ihr Geist. Deswegen ist nichts »unrein« oder »schmutzig«. Es gibt nichts, das nicht göttlich wäre, nichts, das nicht ein Teil von Ihr wäre. Das Göttlich-Weibliche drückt sich in Liebe aus und diese Liebe ist zugleich aktiv *und* passiv, dynamisch *und* empfangend, Ruhe *und* Bewegung, spirituell *und* materiell.

Unsere frühen weiblichen Vorfahren erkannten die Göttliche Weiblichkeit in der Welt und in sich selbst. Sie sahen, wie Sie sich in den Laufbahnen der Sterne veränderte, in den Lebenszyklen und in den Zyklen der Frauen – immer im Wandel und doch immer gleich. Sie würdigten alle diese Aspekte des Weiblichen, sowohl die gesamten Zyklen als auch die einzelnen Phasen.

Etwas Wunderbares ging verloren: Die weiblichen Archetypen

Leider sind in der modernen Welt die alte Weisheit und das Verständnis für die Göttliche Weiblichkeit und Ihre Ausdrucksform, die authentische Weiblichkeit, verloren gegangen. Der Begriff »Weiblichkeit« wurde auf Passivität und selbstloses Helfen reduziert, die dynamischen, kraftvollen Aspekte wurden negiert, weil sich die Gesellschaften und Religionen dadurch bedroht fühlten.

Das Konzept der Weiblichkeit leidet auch unter der Entwicklung von Begriffen wie »innere Weiblichkeit«, »innere Männlichkeit«, »männliche Seite« und »weibliche Seite«, die das Wesen von Männern und Frauen beschreiben sollen. Wenn wir weiblich sind, dann sind wir es unabhängig davon, ob wir rezeptiv und sorgend sind oder aggressiv und zielstrebig.

Wenn eine Löwin einen Angreifer attackiert, dann sagen wir nicht, dass sie gerade ihre männliche Seite zum Ausdruck bringt. Wir akzeptieren einfach, dass dieses Verhalten zu ihrer weiblichen Natur gehört. Unsere eigene Weiblichkeit sollten wir auf gleiche Weise akzeptieren.

Die dynamische Seite unsres Wesens »männlich«
zu nennen, schränkt unser Verständnis davon ein,
was es bedeutet, weiblich zu sein.

Genauso beengt es unser Verständnis von Männlichkeit, Sanftheit bei einem Mann als seine »weibliche Seite« zu bezeichnen. Unsere Energien haben keine »innere männliche Seite«. Vielmehr besteht unsere Weiblichkeit aus veränderlichen Ebenen und Ausdrucksformen rezeptiver *und* dynamischer Energien.

Im Brauchtum und in der Mythologie klingt das Echo des alten Wissens um weibliche und zyklische Energien in den Geschichten über die vier *weiblichen Archetypen* nach. Sie sind die Urmuster, die alle Frauen in sich tragen:

- die dynamische **Junge Frau**
- die sanfte, nährende **Mutter**
- die dynamische, reife **Zauberin**
- die weise und eigenständige **Alte Frau**

Die vier weiblichen Archetypen der Jungen Frau, Mutter, Zauberin und Alten Frau sind die universellen Energien, die in allen Frauen verkörpert sind.

Die Energien und Fähigkeiten dieser Archetypen drücken sich in den vier Lebensphasen und in den vier Phasen des Menstruationszyklus aus. Unsere Energie und unser Bewusstsein ändern sich, wenn wir vom jungen Mädchen zur fruchtbaren Frau, zur reifen Frau und weiter zur alten Frau werden. Genauso ändern sich Energie und Bewusstsein während unseres Menstruationszyklus. Jede Lebensphase und jede Phase des Zyklus hat eine andere Energie und einen anderen Fokus und alle sind gleichermaßen wertvolle Ausdrucksformen des weiblichen Seins.

Es gibt bei diesen Archetypen zwei dynamische Ausdrucksformen der weiblichen Energien, Junge Frau und Zauberin, und zwei rezeptive, Mutter und Alte Frau. Die weiblichen Energien in diesen Begriffen wiederzuerkennen, **befreit uns von den Grenzen, die gesellschaftliche Erwartungen und Etikettierungen uns setzen.** Wir können unsere authentische Weiblichkeit erforschen und entdecken, wie wir die Energien ausdrücken können, um positive und harmonische Veränderungen in der Welt zu bewirken.

Was es bedeutet, weiblich zu sein

Weiblich zu sein heißt, unsere Göttliche Weibliche Natur auszudrücken, unabhängig von Alter, Fruchtbarkeit oder körperlicher Verfassung. Weiblich ist nicht dasselbe wie sanft und mütterlich. Dazu gehören auch das junge Mädchen, die dynamische Kriegerin, sexy Zauberin, schöne Hexe, wilde Frau, souveräne Priesterin, die Herausfordernde, die Grenzgängerin zwischen den Welten, die Urmutter der Welt, Seherin und die hässliche und mächtige alte Hexe.

Die eigene Göttliche Weiblichkeit entdecken

In vielen spirituellen Traditionen existieren genaue Lehren über das Göttliche, aber für Frauen gibt es einen persönlichen und einzigartigen Weg, der allen zugänglich ist. Dieser Weg verbindet uns mit Ihr und Ihren Energien, er unterstützt und zeigt uns, wie wir Glück und Erfüllung erreichen. Dieser Weg zum Göttlich Weiblichen liegt in unserem Körper und unserer Achtsamkeit.

Unser Körper ist unser heiliger Text. Unser monatlicher Zyklus und unsere Lebenszyklen sind unsere Gebete.

Unser Körper unterscheidet sich nicht von jenen unserer weiblichen Vorfahren. Wie sie können wir das Göttlich-Weibliche in uns spüren und auf vielfältigste Weise in der Welt ausdrücken. Wie unsere Ahninnen sind wir der »Mond auf der Erde« – ein Ausdruck des Göttlich-Weiblichen in allen Ihren Formen. Ähnlich wie den Mond sehen wir eine Frau immer nur in ihrer momentanen Zyklusphase – wir sehen nicht den gesamten Zyklus und nicht die gesamte Frau. Wie der Mond durchlaufen wir verschiedene Phasen und bleiben doch immer gleich. Wir sind Licht und Dunkel, Außen und Innen, Bewegung und Stille, sichtbar und unsichtbar.

In meinem Buch *Roter Mond* erläutere ich die alte Weisheit, die im Menstruationszyklus und im Göttlich-Weiblichen liegt. Diese Weisheit wird im Brauchtum und in den alten Mythen deutlich und lässt sich auf unser heutiges Leben anwenden.

Übung
Wie nenne ich dich? Dem Göttlich-Weiblichen einen Namen geben

Ohne klare Anleitung finden viele Frauen es schwierig, einen Namen für das Göttlich-Weibliche zu finden. Viele tippen »Namen von Göttinnen« in eine Suchmaschine im Internet und wählen dann Namen aus Mythen oder Traditionen, die nicht zu ihrem eigenen ethnischen Hintergrund oder zu dem Land, in dem sie leben, passen. Die Göttliche Weiblichkeit gehört nicht der Vergangenheit an – Sie lebt in den Frauen von heute, in dem Land um uns herum und im Mond über uns. Anstatt auf alte Namen zurückzugreifen, können wir unsere Intuition und unsere Kreativität spielen lassen und einen Namen finden, bei dem wir Sie nennen möchten.

Achte auf Ihre Stimme in den verschiedenen Zyklusphasen, spüre Ihre Energien in dir und benenne sie nach der Energie, den Gefühlen und Bildern, die Sie dir liefert.

Betrachte den Mond und seine Phasen, die Erde und ihre Jahreszeiten und lasse das Göttlich-Weibliche direkt durch dein Herz sprechen, durch deine Gebärmutter und deine Gefühle.

Wenn ein Name, den du geschaffen hast, dich mit Liebe erfüllt, wenn du dich entspannst, sobald du an diesen Namen denkst, dann ist das die Bezeichnung, die Sie gewählt hat, um mit dir in dieser Phase deines Zyklus und deines Lebens in Beziehung zu treten.

Mit der Göttlichen Weiblichkeit tanzen

Wir müssen nicht an die Göttliche Weiblichkeit glauben, denn wir können Ihre Anwesenheit erfahren – in unseren Gefühlen, in den sich ändernden Energien und im der Wandel der Natur um uns herum. Die Göttliche Weiblichkeit ist kein intellektuelles Konzept, Sie liegt in unserer Natur, in dem, wer wir sind und wie wir uns ausdrücken. Die Erfahrungen, die eine Frau mit dem

Göttlich-Weiblichen macht, sind einzigartig und individuell. Aber sie sind für sie authentisch und lassen eine reale, interaktive Beziehung entstehen, die auf wechselseitiger Zuwendung basiert.

Das Leben mit dem Göttlich-Weiblichen ist wie ein Tanz, bei dem die Musik fortwährend ihr Tempo ändert. Das Göttlich-Weibliche leitet unsere Schritte an. Sie ist unser Tanzpartner – mal führt Sie, mal lässt Sie uns führen, manchmal lehrt Sie uns neue Schritte und Bewegungen, aber immer leitet Sie uns durch den wechselnden Rhythmus. Als Ihre Partnerin sind wir in Sicherheit und können loslassen, können uns neuen Erfahrungen von Freude, Wunder und Magie öffnen.

Höre auf deinen Körper. Höre auf Ihre Stimme in deinem Herzen und deiner Gebärmutter. Entspanne dich und fließe. Dann wirst du Sie in deinem Leben finden.

Warum ist das Göttlich-Weibliche für Frauen von heute wichtig?

Durch Ihre Natur erkennen wir, wie wir am besten mit Veränderungen umgehen, wie wir den Stress verringern, den das Frausein in einer Welt voller männlicher Energie mit sich bringt, und wie wir die Veränderungen durch den Alterungsprozess wertschätzen können. Dann können wir aufhören zu kämpfen und unser wahres Potenzial entfalten.

Das Göttlich-Weibliche als Schlüssel zum Umgang mit Veränderungen

Unsere Welt ändert sich so rasant, dass wir kaum mithalten können. Veränderungen, die sich früher über zwei oder drei Generationen hinweg vollzogen, passieren heute in zwei oder drei Jahren. Was unseren Kindern heute als essenzielle Fähigkeiten, Lebensziele, Werte und Vorgehensweisen beigebracht wird, wird sich, noch bevor sie erwachsen sind, mehrere Male verändert haben.

Diese schnelllebigen Veränderungen bewirken einen Verlust an Stabilität und Sicherheit und verursachen bei vielen Frauen Stress. Unter Stress nutzen wir den primitivsten Teil unseres Gehirns, um mit der Welt zu interagieren.

Dann dreht sich alles um Überleben, Unsicherheit, Selbstbezogenheit und Kampf – und nicht um Offenheit, Liebe, Freude, Entspannung und Freigiebigkeit. Jede Veränderung, ob gut oder herausfordernd, kann dann als »schlecht« empfunden werden, weil sie unser Sicherheitsempfinden stört.

Was wäre, wenn wir uns mit Veränderungen wohlfühlen würden? Wenn wir sie umarmen könnten, ohne dass sie unsere Selbstwahrnehmung stören, unsere Selbstliebe, den Glaube an uns und unser Selbstvertrauen bedrohen würden? Das Göttlich-Weibliche liefert uns den Schlüssel dazu, mit Veränderungen in unserem Leben umzugehen.

Die Göttliche Weiblichkeit bietet uns einen Weg des anmutigen Flusses inmitten der Veränderungen des Lebens. Ihre veränderliche Natur und die Erfahrungen mit unserer eigenen zyklischen Natur leiten uns.

Frauen: Manager der Veränderung

Ob wir uns dessen bewusst sind oder nicht: Wir Frauen besitzen eine innere Weisheit und Wissen über Veränderungen.

Als Frauen mit einem Zyklus verändern wir uns Tag für Tag.

Jeden Tag reisen wir ein kleines Stück durch unsere aktuelle Zyklusphase, wir lassen eine Phase hinter uns und gehen weiter zur nächsten. Vergleicht man zwei aufeinanderfolgende Tage, ist die Veränderung schwer zu erkennen. Aber wenn wir eine Woche mit der nächsten vergleichen (dies ist der ungefähre Zeitraum für die Wahrnehmung der Zyklusphasen), dann können wir große Unterschiede an uns feststellen. *Wir leben die Veränderung* und wir erfahren sie täglich als integralen und kraftvollen Teil unseres Frauseins.

Die Göttliche Weiblichkeit drückt sich in den Zyklen des Mondes und der Jahreszeiten aus. Sie zeigt uns, dass wir uns fortwährend ändern und doch immer gleich bleiben können. Sie zeigt uns die natürlichen Stadien der Veränderungen – den Zyklus von Aktivität und Ruhe. Und Sie zeigt uns, dass es nicht schwer ist, Veränderungen anzunehmen. Vielmehr ist es der Widerstand dagegen, der Probleme verursacht und uns Energie raubt.

Wenn wir die Göttliche Weiblichkeit in der Welt um uns herum erkennen, dann sehen wir, dass alles im ewigen Fluss der göttlichen Liebe und Schöpfungskraft schwingt. Wenn wir Sie in unserem Zyklus erkennen, dann zeigt Sie uns, wie wir anmutig mit den Veränderungen leben können – indem wir den Zyklus von Aktivität und Ruhe akzeptieren und Veränderungen als Gelegenheit für Kreativität sehen. Jede neue Erfahrung zeigt uns, was wir lieben und uns wünschen, und hilft uns, uns darauf zu fokussieren, damit die Liebe uns inspiriert, ermutigt und unsere Wünsche wahr werden lässt. Sie führt uns fort von der täglichen Achterbahn der Gefühle und bringt uns an einen Punkt der Ruhe und Kraft tief in unserer inneren Mitte, im Zentrum unseres Zyklus. Dieser Teil von uns verändert sich nicht – dieser Teil von uns drückt sich in den verschiedenen Frauen aus, zu denen wir in den unterschiedlichen Phasen unseres Menstruationszyklus werden.

Das Geheimnis anmutiger Veränderung

Wenn wir unsere zyklischen Veränderungen akzeptieren, fällt es uns auch leichter, Veränderungen in der Welt um uns herum anzunehmen. Dann hören wir auf, uns gegen unsere zyklische Natur aufzulehnen, und erkennen, dass sich auch unsere Gedanken und Gefühle wandeln. Wir akzeptieren uns selbst und finden dadurch die Kraft, die Welt und andere Menschen zu akzeptieren. In dieser Selbstakzeptanz liegt die Quelle für Kraft und Liebe, mit deren Hilfe wir alle Veränderungen mit Freude annehmen können.

Das Göttlich-Weibliche als Schlüssel gegen Stress von Frauen in einer männlichen Welt

Es verursacht Stress, dass Frauen **nicht in Harmonie mit ihrer authentischen Natur leben** können.

Die Natur der meisten Frauen im Alter zwischen etwa zehn und fünfzig Jahren ist zyklisch. Trotzdem wird von uns erwartet, dass wir wie Männer leben, arbeiten und agieren. Wir lernen, dass das, was Männer brauchen, auch uns glücklich und zufrieden macht – und wenn wir es nicht schaffen, glücklich zu sein und diese Erwartungen zu erfüllen, dann fühlen wir uns schuldig, werden wütend oder depressiv. Warum fühle ich mich so? Warum verhalte ich mich so? Warum habe ich so wenig Selbstdisziplin? So klingen die Schmerzensschreie aus unserem Inneren. Die Antwort ist, dass wir nicht verstehen, wer wir wirklich sind – zyklische Frauen, die die Göttliche Weiblichkeit in all Ihrer Schönheit ausdrücken!

Wenn wir gegen unsere Natur ankämpfen, um Erwartungen zu entsprechen, wenn wir uns selbst einschränken oder uns zu unnatürlichem Verhalten zwingen, dann können Gefühle wie Frustration oder Aggression uns selbst gegenüber entstehen. Wir sind nicht »schlecht« oder »falsch«, wir stellen lediglich **unangemessene Erwartungen** an uns selbst. Und auf diesen Druck reagiert unser tiefstes Inneres und kämpft um Wertschätzung und Beachtung der eigenen Bedürfnisse. Während unseres Zyklus drücken wir auf natürliche Weise verschiedene Aspekte unserer authentischen Weiblichkeit aus, auch wenn wir uns dessen nicht bewusst sind. Es ist das fehlende Verständnis für diese Aspekte von uns selbst, dass die Enttäuschung und den Stress verstärkt.

Das Göttlich-Weibliche zeigt uns, welche Vorteile, welche Kraft und Weisheit in jeder Zyklusphase steckt. Wenn wir Ihre Energien und Ihre Anwesenheit in den verschiedenen Phasen willkommen heißen, beginnen wir, unser Leben auf neue Weise zu leben. Wer werden bestimmte Aktivitäten in bestimmten Phasen erledigen, **weil sie uns dann leichterfallen**. Wir erkennen an, dass jede Phase unterschiedliche Bedürfnisse hervorbringt. Wenn wir dann etwas unternehmen, um ein Bedürfnis zu befriedigen, dann bringen wir den ursprünglichen Teil unseres Gehirns zum Schweigen, der uns sofort zuschlagen lässt, und leben stattdessen mit mehr Liebe, Freigiebigkeit und Zufriedenheit. Indem wir bewusst Dinge tun, mit denen wir unsere Energien ausdrücken können, kann etwas Erstaunliches passieren: Wir fühlen uns ganz, zufrieden, stark und im Gleichgewicht. Nach einem Monat mit gefühlsmäßiger Achterbahn kann das ein wahrer Segen sein!

Viele von uns können im Alltag nicht vollständig in Harmonie mit ihrer zyklischen Natur leben, aber wir können kleine Dinge tun, um unseren veränderlichen Bedürfnissen gerecht zu werden und die veränderlichen Energien des Göttlich-Weibliche auszudrücken. Schon kleine Aktivitäten, die in Harmonie mit unserer aktuellen Zyklusphase sind, können den Stress verringern und Gefühle von innerer Stärke und Ganzheit hervorrufen. Kapitel 9 beschreibt tägliche Aktivitäten, die sich zwischen den weltweiten Gebärmuttersegnungen anbieten.

Die Göttliche Weiblichkeit liefert uns ein Rollenmodel für unsere authentische Weiblichkeit. Sie hilft uns, unsere weibliche Natur wertzuschätzen und natürliche Veränderungen anzunehmen. Wenn wir Ihre Natur in uns verstehen, können wir in Einklang mit unseren Energien und Veränderungen leben und in einer linearen Welt auf einem zyklischen Pfad tanzen.

Übung
Stress reduzieren durch Verbindung mit dem Göttlich-Weiblichen

Ein Großteil des Stresses in unserem Leben geht auf das Gefühl der Machtlosigkeit und des Kontrollverlusts zurück. Die modernen Technologien und all die Erwartungen führen dazu, dass die Liste der Dinge, die wir erledigen müssen, sich ständig neu füllt – kein Wunder, dass wir uns fremdbestimmt fühlen. Hinzu kommen unsere zyklische Natur mit den veränderlichen Energieebenen und Fähigkeiten und eine Gesellschaft, die diese Natur nicht anerkennt. Das Gefühl der Machtlosigkeit kann überwältigend sein – besonders in der Zeit vor und während der Menstruation.

Wenn wir uns der Göttlichen Weiblichkeit öffnen und versuchen, in Harmonie mit Ihr zu leben, dann stärkt Sie uns und zentriert uns in unserer Weiblichkeit. Sie gibt uns die Fähigkeit und Kraft, Entscheidungen zu treffen und zu handeln. Die folgende Übung öffnet uns der Göttlichen Weiblichkeit und ruft Sie zurück in unser Schoßzentrum.

- Setze dich bequem hin, die Hände liegen mit den Handflächen nach oben auf den Oberschenkeln oder ruhen auf Höhe der Gebärmutter.
- Schließe die Augen und richte deine Aufmerksamkeit auf dein Schoßzentrum.
- Atme tief ein und aus und entspanne alle Muskeln im unteren Bauch.
- Fühle oder stelle dir vor, wie sich dein Schoßzentrum in alle Richtungen weitet, bis es deinen unteren Bauch und die Hüften umschließt.
- Sage dir im Geiste: »Ich öffne meine Gebärmutter für das Göttlich-Weibliche. Bitte komm in meine Gebärmutter.«
- Entspanne dabei die Muskeln in dieser Region.
- Atme entspannt weiter, während du die Worte einige Male wiederholst.
- Entspanne dich und nimm wahr, wie du dich fühlst.
- Wenn du die Übung beenden möchtest, stelle dir vor, dass Wurzeln von deiner Gebärmutter in den Boden wachsen.

- Bewege Finger und Zehen und öffne dann die Augen.
- Iss und trinke etwas.

Probiere die Übung in den verschiedenen Zyklusphasen oder auch zu verschiedenen Mondphasen aus. Nimm deine Gefühle wahr und achte darauf, wie sich die Anwesenheit des Göttlich-Weiblichen in deiner Gebärmutter anfühlt. Du kannst auch eine Perlenkette oder ein Meditationsarmband benutzen: Sage dann den Satz einmal pro Perle.

Das Göttlich-Weibliche als Schlüssel zu einer gefühlvollen Menopause

Wenn eine Kultur alle Aspekte des Göttlich-Weiblichen akzeptiert, dann schätzt sie auch die Weiblichkeit reiferer Frauen. Weiblichkeit beschränkt sich nicht auf Fruchtbarkeit, sie drückt sich in allen Aspekten des Lebens einer Frau aus – von ihrer Geburt bis zum Tod. Unsere moderne Gesellschaft achtet reife Frauen weniger, daher leben sie oft in Isolation und Armut. Und doch sind es diese Frauen auf der Schwelle zwischen der materiellen hin zur spirituellen Welt, die über tiefe Weisheit und Einsichten verfügen, ohne von sozialer Konditionierung oder dem modernen Alltagsleben beeinflusst zu sein.

Die Aussicht, wertlos zu sein, weil Fruchtbarkeit und jugendliches Aussehen verloren gehen, ist der Grund, warum das Ende der fruchtbaren Phase oft mit Gefühlen der Angst und des Verlusts verbunden ist.

Es erstaunt daher nicht, dass der Übergang zur Postmenopause Stress verursacht und dass Frauen hart dafür kämpfen, um den Eintritt in die letzten beiden Lebensphasen hinauszuzögern – die Phasen der Zauberin und der Alten Frau. In den Wechseljahren mit ihren dynamischen und herausfordernden Veränderungen verkörpern wir die Zauberin. Wenn unsere Energien langsamer werden und unsere Seele uns dazu aufruft, uns zurückzuziehen und den Fokus auf die spirituelle Seite des Lebens zu verlagern, verkörpern wir die Alte Frau.

Der Weg zur Ganzheit

Wenn Frauen sich mit dem Göttlich-Weiblichen verbinden, erkennen sie den Wert und die Stärke dieser Lebensphasen. Sie sehen, dass auf die volle Phase des Mondes und der Gezeiten und die Fülle des Sommers eine dynamische Phase der wilden Energien, der herausfordernden Veränderungen, der verstärkten Kreativität und Intuition folgt. Mit dem abnehmenden Mond und dem Rückzug der Energien im Herbst kommt eine Zeit der Stille, des Friedens und des Einsseins. Akzeptanz und ein tiefes spirituelles Gewahrsein entstehen, während die Bindungen der materiellen Welt und die Bedürfnisse des Egos nachlassen. Das Leben geht seinen hektischen Gang, aber unter dieser Oberfläche spüren Frauen den Puls des Universums und erkennen ihren Platz in einem Zusammenhang, der über die Vorstellungskraft hinausgeht.

Beim Übergang von der zyklischen zur postmenopausalen Frau lässt der Einfluss des hormonellen Zyklus nach und sie werden empfindsamer für die Zyklen des Mondes und der Erde. In diese Zyklen können wir eine tiefe spirituelle Verbindung zum Göttlich-Weiblichen finden. Wenn wir den Übergang vom hormonellen Zyklus zum »spirituellen Zyklus« bekämpfen, entsteht Stress, denn wir halten an einem Aspekt unseres Lebens fest, der vorbei ist.

Wenn wir aber erkennen, dass der Übergang von der fruchtbaren zur unfruchtbaren Frau ein Aspekt des Zyklus des Göttlich-Weiblichen ist, wenn wir verstehen, wie viel Selbstwirksamkeit, Spiritualität und Kreativität diese Phase mit sich bringt, dann können wir die Veränderungen und Herausforderungen dieser aufregenden Lebensphase willkommen heißen. Das Göttlich-Weibliche zeigt Frauen in den Wechseljahren, welche Schönheit in diesen Veränderungen liegt.

Die Postmenopause bedeutet nicht, alt zu werden,
sondern erwachsen zu werden.

Die Wechseljahre waren nie als Störung gedacht, sondern als harmonischer Wandel all unserer weiblichen Aspekte hin zum Einssein.

Wie können das Göttlich-Weibliche und das Womb Blessing uns helfen?

In dieser Zeit der fortwährenden Veränderungen und des Stresses kann es Erleichterung bringen, sich mit der Göttlichen Weiblichkeit zu verbinden, indem wir Sie in unserem Körper, in unserem Menstruationszyklus, in den Zyklen der Erde und des Lebens spüren. Wir erkennen, dass der natürliche weibliche Weg sich von den gesellschaftlichen Erwartungen unterscheidet. Und wir erkennen,

- dass wir uns verändern,
- dass wir in den vier Zyklusphasen verschiedene Frauen mit verschiedenen Energien, Bedürfnissen und Fähigkeiten sind,
- dass wir uns wohlerfühlen und mehr Kraft und Liebe empfinden, wenn wir in Einklang mit unserer authentischen Weiblichkeit leben.

Das Göttlich-Weibliche zeigt uns,

- dass Veränderungen in Ordnung sind,
- dass wir stark und kreativ genug sind, um mit ihnen mitzugehen,
- dass jede Phase unseres Lebens einen kraftvollen Wandel bedeutet.

Die Segnungseinstimmung des Womb Blessing ist eine wunderbare Möglichkeit, sich der Göttlichen Weiblichkeit in uns und in der Welt um uns herum bewusst zu werden. Durch dieses Gewahrsein spüren wir, dass Sie uns auf dem Weg zu mehr Selbstwirksamkeit, Selbstakzeptanz und Selbstliebe leitet und dass wir in unserer Weiblichkeit authentisch werden. In jeder Gebärmuttersegnung verschmelzen unsere Energien und unsere Achtsamkeit mit der Göttlichen Weiblichkeit. Wir können erwachen und Sie weiter in uns annehmen, um das Gefühl der Isolation und Entkoppelung aufzulösen.

Die Segnungseinstimmung energetisiert unser Schoßzentrum, die Quelle unserer weiblichen Kraft und Energien, und erweckt Aspekte des Göttlich-Weiblichen, die in uns vergraben waren. Mit jeder Segnung erwacht ein weiterer Teil von uns zum Leben, wir lernen mehr über uns selbst – über unsere Fähigkeiten, Leidenschaften und den Sinn in unserem Leben. Wir finden die Liebe und den Mut, unserer Erweckung gemäß zu leben.

Wenn wir auf dem jährlichen Weg des weltweiten Womb Blessing reisen und alle Aspekte unserer Weiblichkeit aktivieren und leben, dann werden die Wechseljahre ein achtsamer, harmonischer und anmutiger Übergang. Die Gebärmuttersegnung hilft Frauen nach der Menopause, sich allen Aspekten ihrer Weiblichkeit zu öffnen, den neuen Lebensabschnitt zu genießen und die Schönheit des Einsseins zu erfahren.

Wenn wir die Gebärmuttersegnung empfangen, verfliegt der Alltagsstress, der unseren Geist umnebelt. Für einen Moment baden wir im Licht der Göttlich-Weiblichen Energie, die unsere authentische Natur zum Leuchten bringt. Wir kehren zurück zur Göttlichen Mutter und zu uns selbst als Ihre Töchter. In ihrem Licht brechen Blockaden auf, die durch Stress entstanden sind. Das Licht heilt unsere Verhaltensmuster und löst Einschränkungen und Ängste auf, die das schnelle moderne Leben so leicht verursacht. Sie gibt uns das Gefühl der Zentriertheit und Ganzheit, von Kraft und Liebe. Wenn wir uns schließlich der Welt wieder zuwenden, sind wir uns Ihrer Anwesenheit bewusst und handeln aus Liebe, statt mit dem Gefühl der Isolation und des Kummers. Da Sie Aspekte Ihres Selbst in uns weckt, hilft Sie uns, uns selbst als Reflexion Ihres Seins zu erkennen – und alles, was wir sind, ist in dieser Reflexion heilig.

Das Göttlich-Weibliche zeigt uns, dass wir die Kraft und
Kreativität, die Weisheit und Intuition haben, uns ruhig
auf den Wellen der Stürme zu bewegen.

Kapitel 4: Gebärmuttersegnung – die Erweckung weiblicher Energie

Eines Tages bekam Erdfrau in ihrer Höhle Besuch von der Ersten Frau. Nachdem die beiden Frauen sich umarmt hatten, sagte Erdfrau: »Die Vögel haben mir von deiner wunderschönen Schale berichtet. Darf ich sie sehen?«

Die Erste Frau öffnete den Mantel, den sie aus vielen Farben gewebt hatte, und zeigte Erdfrau die Schale.

»Ah«, sagte Erdfrau, »jetzt verstehe ich, wofür sie gemacht ist.« Sie wandte sich ab und erklärte: »Ich habe ein Geschenk für dich.«

Sie nahm einen Steintopf mit Farbe und einen Pinsel und malte Symbole auf den Bauch der Ersten Frau. Während sie malte, sagte sie:

»Ich gebe dir die Macht der Luft, damit die Träume deines Herzens entstehen.«

»Ich gebe dir die Macht des Feuers, damit es deine Träume unterstützt.«

Während sie das dritte Symbol malte, erklärte sie: »Ich gebe dir die Macht des Wassers, damit es deinen Träumen Magie verleiht.«

Und mit dem letzten Symbol sagte sie: »Und ich gebe dir die Macht der Erde, damit du deine eigene Macht und deine Träume kennst.«

Zufrieden trat Erdmutter einen Schritt zurück. »Hm«, machte sie und nickte.

Womb Blessing entdecken

Bei der Segnungseinstimmung teilen Frauen
die Liebe und das Licht des Göttlich-Weiblichen
mit anderen Frauen.

Es ist schwierig, das Womb Blessing zu beschreiben, denn wenn wir mit Energie arbeiten, dann reisen wir jenseits der Welt der Worte in einer Welt der Gefühle, der Intuition, der inneren Weisheit und des Einsseins. Die Womb-Blessing-Gemeinschaft öffnet sich wie eine Blume, und wir wachsen noch immer im Bewusstsein ihrer Schönheit und ihres Zwecks in der Welt. Was als Absicht und Energietransfer begann, ist zu einer Organisation aufgeblüht, die Frauen für die Segnungseinstimmung ausbildet. Zusammen mit den Konzepten und praktischen Lehren aus *Roter Mond* bietet es Frauen die Möglichkeit zu erwachen und zu verstehen, wer sie sind und wie sie das Leben führen können, das sie glauben zu verdienen.

Die heutige Welt fragt nach Definitionen und Sicherheiten, aber das Weibliche ist kreativ, es passt sich an, fließt und wandelt sich. Und so breitet sich das Womb Blessing in neue Richtungen aus und findet neue Ausdrucksweisen, die die Bedürfnisse und Kreativität der beteiligten Frauen widerspiegeln. Was also ist das Womb Blessing?

> Die Gebärmuttersegnung ist eine energetische Einstimmung auf das Göttlich-Weibliche. Sie ist speziell für die einzigartige energetische Struktur von Frauen entworfen und fokussiert auf die vier weiblichen Archetypen.

Die Einstimmung verstärkt die Schwingungen der drei weiblichen Hauptenergiezentren und schafft eine tiefe und starke Verbindung zur Liebe und Lichtenergie des Göttlich-Weiblichen. Es weckt die Energien der vier Archetypen der authentischen Weiblichkeit, ein Prozess, der mit der Segnung beginnt und einen Monat weiterläuft. Die Segnung verbindet zudem die Gebärmutter mit dem Mond und den Sternen. Sie energetisiert das Schoßzentrum, stellt unsere weiblichen Energien wieder her und synchronisiert unsere zyklische Natur besser mit der universellen Weiblichkeit. Schließlich erdet sie Frauen – sie verbindet ihre Gebärmutter mit der Erdmutter – und ruft ihre weibliche Seele zu ihnen zurück.

Die Segnungseinstimmung erfolgt über weltweite Gebärmutterverbindung in der Gruppe oder einzeln durch ein persönliches Womb Blessing mit einer Moon Mother.

Das Womb Blessing ist ein Pfad der Erweckung, bei dem alle Frauen, unabhängig von Alter, Gesundheitszustand, Lebensentscheidungen, Ethnie oder

Glaube die Energie des Göttlich-Weiblichen empfangen. Die weltweite Segnungsgemeinschaft heißt auch Männer willkommen. Um einen schnellen und umfassenden Weg zu Heilung, persönlicher und spiritueller Entwicklung zu gehen, können Frauen an jedem weltweiten Womb Blessing teilnehmen und jeden Monat eine persönliche Segnung von einer Moon Mother erhalten.

Zusätzliche Effekte der Segnungseinstimmung

Auf welchen Ebenen sich das Womb Blessing zusätzlich auswirkt, ist von Frau zu Frau verschieden. Viele teilnehmende Frauen verspüren folgende Wirkungen:

- **Körperliche Heilung:** Die Segnung heilt uns tiefgreifend, insbesondere in Bezug auf den unteren Bauch, den Zyklus, die Gebärmutter und Eierstöcke und die körperlichen Veränderungen, die mit hormonellen Veränderungen verbunden sind.
- **Psychische und geistige Heilung:** Die Segnung hilft, Vergangenes loszulassen, alte Gefühle, Muster und vergangenen Stress aufzulösen, wodurch die körperliche Selbstheilung unterstützt wird. Sie kann auch helfen, unsere Weiblichkeit besser anzunehmen und zu lieben, unsere Bestimmung im Leben zu spüren und unser Leben neu und besser zu gestalten.
- **Zyklische Balance und Harmonie:** Die Segnung kann unseren Menstruationszyklus regulieren. Die Archetypen der Zyklusphasen und die seelischen und geistigen Ausdrucksformen der zyklischen Energien kommen ins Gleichgewicht.
- **Freude und Glück:** Die Segnung hilft, Schuldgefühle und Zwänge aufzulösen. Sie steigert das Selbstwertgefühl und bringt uns Freiheit, spirituelle Verbindung und Führung.
- **Friede und Erholung:** Die Segnung verschafft uns einen friedlichen Zufluchtsort in einer stressigen männlich geprägten Welt. Wir können uns erholen und uns mit uns selbst verbinden.
- **Kreative und sexuelle Energie:** Die Segnung heilt die Verbindung zur Erdmutter, die aufgrund unseres hektischen Lebens häufig unterbrochen ist. So füllt sich unser Schoßzentrum auf natürlichem Weg mit kreativen und sexuellen Energien.
- **Lebendigkeit:** Die Segnung energetisiert unser Schoßzentrum – das häufig erschöpft ist. Wir fühlen uns lebendig, zentriert und ganz.

- **Das Göttliche unseres Körpers:** Die Segnung schafft eine starke Verbindung mit dem Mondlicht. So wächst unser Gewahrsein für das Göttlich-Weibliche, das sich in unserem Körper, unserem Zyklus, dem Zyklus des Mondes und des Universums ausdrückt.
- **Ermächtigung:** Die Segnung weckt unser Selbstvertrauen und unsere innere Stärke. Sie gibt uns die Kraft, in unserer Weiblichkeit zu wachsen und unser Leben besser zu gestalten.

Was der Weg des Womb Blessing uns bringt

Regelmäßige Segnungseinstimmungen zu erhalten, hilft uns, mit dem neu erwachten Aspekt unserer authentischen Natur in **Kontakt zu bleiben** – während die Welt um uns herum die Verbindung permanent bedroht. Die Segnungen helfen, das Gefühl von **Freude, Glück und Wohlergehen** aufrechtzuerhalten, das entsteht, wenn wir in Einklang mit unserer authentischen Natur leben.

Meine Bücher *Roter Mond*, *The Optimized Woman* und *Spiritual Messages for Women* ergänzen das Womb Blessing. Die Segnung ist der Weg, versteckte und schlafende Aspekte der vier weiblichen Archetypen in uns zu wecken. Für den Alltag zeigen meine Bücher einfache Wege auf, um in Kontakt mit unserer authentischen Natur zu bleiben und uns wohlzufühlen.

Das weltweite Womb Blessing: eine Gemeinschaft von Frauen

Die Womb-Blessing-Gemeinschaft entstand aus dem Wunsch von Frauen heraus, rund um den Globus in Kontakt zu treten und Liebe, Hoffnung, Tränen und Freude zu teilen – und natürlich Fotos! Gemeinsam unsere zyklische Natur anzuerkennen verhindert die Isolation, die wir alle kennen: Isolation, weil wir unsere weiblichen Energien in unserem Alltag nicht ausdrücken können.

Die individuellen Geschichten von Frauen lassen uns staunen, wie sehr die Segnungen das Leben verändern können. Zu lesen, wie andere Frauen leben und ihre authentische Natur ausdrücken, wie sie Gruppen gründen und das Womb Blessing weltweit verbreiten, inspiriert dazu, es ihnen gleich zu tun und nicht nur das eigene Leben, sondern auch das anderer Frauen zu verändern.

Die Frauen in dieser Gemeinschaft unterscheiden sich deutlich hinsichtlich ihres Alters, ihres Hintergrunds und Vermögens, ihrer Kreativität, Inspiration und Lebenserfahrung, ihres Wissens und Trainings. Wenn wir Hilfe brauchen, ist die Gemeinschaft für uns da. Das Womb Blessing ist den Bedürfnissen von Frauen entsprechend organisch gewachsen – jede Frau kann Teil dieses Wachstums sein und die Gemeinschaft nach ihren Wünschen mitgestalten.

Womb Blessing als gemeinsames Ziel

Ziel der Gebärmuttersegnung ist es, Frauen in der ganzen Welt zu helfen, ihre authentische Weiblichkeit zu entdecken.

Mit Liebe und Verständnis unterstützen wir alle Frauen in ihrem persönlichen Wachstum. Wir teilen unser Wissen über unsere zyklische Natur und die vier weiblichen Archetypen, um Frauen zu heilen und zu stärken. Unser Ziel ist, dass Frauen heute wie auch in künftigen Generationen erfolgreich sind und Erfüllung finden, indem sie sich selbst in ihrer authentischen Weiblichkeit ausdrücken.

Unsere Anerkennung gilt auch den Männern, die ihren eigenen Weg der Erweckung ihrer authentischen Natur gehen.

Die Womb-Blessing-Gemeinschaft soll eine Brücke für Frauen sein, um von der heutigen gesellschaftlichen Wahrnehmung hin zu einer neuen Welt der authentischen Weiblichkeit zu finden. Die Frauen der Gemeinschaft weisen den Weg – und da jede auf ihr eigenes Wissen und ihr Verständnis zurückgreift, gibt es so viele Wege über diese Brücke wie es Frauen gibt, die sie queren.

Übung
Probiere es aus!

Neugierig? Dann finde heraus, wie sich die Gebärmuttersegnung für dich anfühlt!

Ich möchte dich persönlich zum nächsten weltweiten Womb Blessing einladen. Bitte melde dich an und teile danach deine Erfahrungen mit anderen Frauen, um sie dazu zu inspirieren, ihren eigenen Weg zur Heilung und Erweckung zu gehen.

Auf diese Weise können wir gemeinsam all jene Frauen erreichen, die sich verloren fühlen, die nicht zu sich selbst finden oder den Grund für ihre Gefühle nicht erkennen. Uns bietet sich so die Möglichkeit, positiv auf den Herzenswunsch dieser Frauen zu reagieren und zu zeigen, dass wir sie verstehen, dass wir Anteil nehmen und dass es uns allen möglich ist, uns ganz, geliebt und stark zu fühlen. Wir können die Welt zu einem besseren Ort machen.

Wähle auf www.wombblessing.com die deutsche Seite aus und melde dich unter »registration« an.

Womb Blessing: Rückkehr zu authentischer Weiblichkeit und tiefem Empfinden

Unsere authentische Weiblichkeit ist das Muster unserer ursprünglichen Weiblichkeit, das in unserem Körper, in jeder Zelle und in unserer DNA gespeichert ist. Sie ist der Bauplan unserer weiblichen Natur, die im Sitz unserer Seele verankert ist – im Schoßzentrum.

Die weibliche Seele drückt das Göttlich-Weibliche durch vier Energien und vier Bewusstseinsebenen aus, die im Schoßzentrum ihren Ursprung haben und unser Herz, unsere Gefühle und Denkprozesse leiten. Diese Energien fließen im universellen Gezeitenrhythmus der zyklischen Weiblichkeit. Wenn wir in Harmonie mit unserer authentischen Weiblichkeit denken und handeln und mehr im Einklang mit dem Fluss der Energie und des Bewusstseins leben, dann öffnet sich unser Herz dem Glück, dem Wohlbefinden und der Freude darüber, so zu sein, wie wir wirklich sind.

Auf der Suche nach unserer authentischen Weiblichkeit
und einem Weg, sie im Alltag zu leben, können wir uns
von liebender Freude leiten lassen.

Die Segnungseinstimmung hilft uns, unsere authentische Weiblichkeit zu entdecken, indem wir alles fortschieben, was uns von ihr trennt und uns einschränkt. Wenn die verborgenen Aspekte unseres weiblichen Seelenmusters sichtbar werden, können wir sie bewusst annehmen und ausleben.

Mit regelmäßigen Gebärmuttersegnungen befreien wir uns von allem, was uns von unserer authentischen Weiblichkeit trennt.

Die Segnungen lenkt unsere Aufmerksamkeit auch im Alltag zurück zu unserer Gebärmutter als dem Zentrum der weiblichen Seele. Wenn wir das Bewusstsein für unser Selbst in unserer Gebärmutter zentrieren und uns mit den Energien der Erde verbinden, dann öffnet sich unser Herzzentrum und wir leben, denken und handeln mit Liebe. In der Liebe lösen sich innere Barrieren und wir können uns öffnen. So werden wir empfänglich für das Licht und die Liebe der Göttlichen Weiblichkeit. Wir erlauben Ihr, uns zu füllen, bis aller Kummer und das Gefühl des Getrenntseins sich auflösen. Wir lassen uns nicht von unserem Kopf, sondern von unserem **Seelen-Schoß** leiten und spüren, dass wir unser wahres Ich mit anderen teilen können.

Weltweite Segnung: Heilung und Erweckung in einer »Seelengruppe«

Bei jedem weltweiten Womb Blessing können sich Frauen zu einer von vier Segnungseinstimmungen zu unterschiedlichen Zeiten anmelden. Zu jedem der vier Zeitpunkte verbinden sich die teilnehmenden Frauen mithilfe ihrer Seelenenergie. Die Gebärmuttersegnung, die sie dann erhalten, klärt Blockaden, Einschränkungen und Muster, die **ihnen allen gemeinsam sind**. Aspekte ihrer weiblichen archetypischen Energien, von denen sie **alle** getrennt sind, werden erweckt. Somit handelt es sich um die Aspekte, die für die Gruppe am wichtigsten sind. Das weltweite Womb Blessing ist wie ein Orchester, bei dem sich die Energien der einzelnen Frauen zu einer wunderbaren Symphonie zusammenfügen.

Persönliche Segnung: Individuelle Heilung und Erweckung

Moon Mothers sind darin ausgebildet, Frauen eine individuelle Version der Gebärmuttersegnung in Einzelsitzungen anzubieten. Diese persönlichen Segnungseinstimmungen können einmal pro Monat zwischen den weltweiten Segnungen stattfinden. Dabei steht dasjenige Muster im Vordergrund, das **individuell zum aktuellen Zeitpunkt** Heilung benötigt. Es wird der Aspekt der archetypischen Energien der jeweiligen Frau angesprochen, der **für sie** gerade am wichtigsten ist. Diese Segnung ist wie ein einzigartiges Lied für eine Solistin. Die persönliche Segnungseinstimmung kann sehr schnell und sehr tief heilen und das Leben der Frau sehr tiefgreifend verändern.

Beide Formen, ob weltweit in der Gruppe oder individuell, sind so entworfen, dass sie einander unterstützen und eine umfassende Transformation in Gang setzen.

Übung

Umarme deinen Seelen-Schoß als Zentrum deines Seins

Der Schlüssel zu unserem wahren weiblichen Selbst liegt in unserem Schoßzentrum. **Unser Seelen-Schoß mit seinen Energien beeinflusst unser Leben und unser Herz, unsere Gedanken und Gefühle.**

Wenn wir unsere Gebärmutter als Quelle der Liebe sehen, die unser Herz öffnet und unseren Geist füllt, dann können wir uns in unserer Weiblichkeit erden und fühlen die Stärke und die Kraft, die uns von Geburt an zusteht. Wir leben, lieben und denken mit unserem Schoßzentrum.

- Schließe die Augen und richte deine Aufmerksamkeit auf den unteren Bauch und das Seelen-Schoß-Zentrum.
- Atme ein und entspanne diesen Bereich. Stelle dir dabei eine zarte pfirsichfarbene Rose vor, die in deinem Schoßzentrum liegt. Durch deine Aufmerksamkeit beginnt sie zu strahlen und öffnet ihre fünf Blütenblätter.
- Nimm wahr, wie du dich fühlst.
- Nimm wahr, wie du dich entspannst.
- Nimm jedes körperliche Gefühl wahr.
- Nimm wahr, wie sich dein Herz anfühlt, während du dich auf die Rose in deinem Schoßzentrum konzentrierst.
- Genieße die Erfahrung so lange, wie du magst.
- Um die Übung zu beenden, bewege deine Finger und Zehen und öffne die Augen.
- Trage dein Gewahrsein für die Rose, deine Gebärmutter und die Verbindung zwischen Gebärmutter und Herz hinaus in die Welt.

Die Einstimmungsaktivierungen: Kopf, Herz und Gebärmutter öffnen sich

Die Technik der Gebärmuttersegnung, ob weltweit oder individuell, umfasst eine Serie von Aktivierungen. Dazu wurden Energietechniken verschiedener Traditionen zusammengefügt und mit den Beobachtungen des Energieflusses während des weiblichen Zyklus, der Inspiration und Führung durch das Göttlich-Weibliche im Herzen und in der Gebärmutter und den Momenten der Stille in unserer hektischen modernen Welt vereint.

Durch Atemtechniken und Energieübertragung erhalten die drei weiblichen Hauptenergiezentren – in Kopf, Herz und Gebärmutter – die Schwingungen des Womb Blessing und die Liebe und das Licht des Göttlich-Weiblichen. Anders als bei anderen Energiesystemen wie dem Chakrasystem stehen diese Energiezentren direkt miteinander in Verbindung. Wenn sich ihre Schwingungen verändern, ändert sich unser Bewusstsein und alte Muster werden aufgelöst. So können wir uns unserer authentischen Natur annähern. Es ist dieser kraftvolle und doch sanfte Schwingungswandel, der Transformation und Erweckung bewirkt.

Die Segnungseinstimmung beginnt mit einer **Aktivierung des Energiezentrums, das tief in unserem Gehirn liegt** und unseren Körper mit dem Licht des Göttlich-Weiblichen verbindet. Die Schwingungen dieses Zentrums werden verstärkt, um es für das Universelle Licht zu öffnen. So tritt die Schönheit und Reinheit der Universellen Weiblichkeit in ihrem Vollmondaspekt in unser Bewusstsein.

Die **zweite Aktivierung findet im Herzzentrum statt** und verankert dort die Sanftheit und das Strahlen der Universellen Liebe und des Mitgefühls. Während sich unser Herz mit der Energie der Göttlichen Weiblichkeit in Ihrem Vollmondaspekt füllt, öffnen wir uns und nehmen alles an. Angst und Schuldgefühle lösen sich auf und sanfte Gefühle der Liebe, des Annehmens und der Heilung entstehen.

Die **dritte Aktivierung fokussiert auf das Schoßzentrum**. Das Licht des Göttlich-Weiblichen hebt den Energielevel und öffnet es für die Universelle Liebe durch das Mondlicht. Indem die Schwingung verstärkt wird, lösen sich Barrieren und Verhärtungen in uns auf, damit wir uns wie eine Blume der Freude öffnen können. Diese Aktivierung lenkt unsere Aufmerksamkeit zurück zu unserem Schoßzentrum als dem Zentrum unseres Seins. Es befreit die Energien unserer authentischen Weiblichkeit, damit sie in Harmonie mit unserer zyklischen Natur fließen können.

Ein Jahr der Segnungen: der Weg zur Ganzheit

Mit jedem Womb Blessing öffnen wir uns dem Rhythmus des Göttlich-Weiblichen, das durch uns fließt, ein bisschen mehr. Mit jedem Mal lösen sich Einschränkungen und Blockaden, sodass weitere Aspekte unserer weiblichen Energien geheilt und befreit werden können.

Jedes Womb Blessing energetisiert unser Schoßzentrum, das durch unser modernes Leben regelmäßig an Energie verliert. Unsere Verbindung zur Erde und zum Mond wird gestärkt, damit wir uns erden und in Einklang mit unserer zyklischen Natur leben können.

Jedes Jahr finden fünf Segnungen statt. Sie helfen uns, eins zu werden mit den Gezeiten des Göttlich-Weiblichen. Bei all den Veränderungen, die unser Leben und unser Zyklus mit sich bringen, kehren wir zu unserer Mitte zurück und finden die Kraft, die Dinge loszulassen, die uns nicht weiterbringen. In der Liebe, die aus dem Gefühl des Einsseins entsteht, fühlen wir uns erfüllt und zuversichtlich.

Das Womb Blessing ist sowohl ein Weg als auch ein Rückzugsort. Das moderne Leben unterstützt unsere authentische Natur nicht, daher kann uns der Alltag immer wieder von den durch die Segnungen geweckten Energien trennen. Regelmäßige Segnungseinstimmungen halten die Verbindung zu unseren authentischen weiblichen Energien aufrecht und wecken immer wieder neue Aspekte unseres Selbst. Die Segnung zu empfangen bedeutet, in einem Heiligtum des Mondes zu sitzen, an einem stillen weiblichen Zufluchtsort inmitten einer männlichen Welt.

Mit dem Womb Blessing können wir jeden Tag
authentisch leben. Dadurch bleiben wir im Herzen
zentriert und finden Kraft, die Wirren des Lebens
zu meistern.

Ein kreativer Ansatz: So kannst du das Womb Blessing für dich nutzen

Jedes Womb Blessing kann uns auf unterschiedliche Weise helfen, je nachdem, was wir mitbringen und wie wir es nutzen wollen.

Heilung: Inneres Gleichgewicht und Harmonie wiederherstellen

Wir alle brauchen Heilung.

Unser Körper braucht Heilung und wir brauchen eine liebende, akzeptierende Beziehung zu ihm und zu unseren körperlichen Veränderungen. Das Ungleichgewicht und die Disharmonie, die wir selbst, unsere Beziehungen und die moderne Welt verursachen, müssen geheilt werden. Auch unsere weibliche Abstammung, die in unseren Zellen liegt, braucht Heilung. Vielleicht sind wir uns nicht sämtlicher Ebenen bewusst, auf denen das Göttlich-Weibliche uns Heilung bringen kann – dennoch arbeitet es nach einer Segnung in uns weiter.

Therapie: Ein einzigartiger weiblicher Zugang

Jedes Mal, wenn wir die Segnung empfangen, verbinden wir uns erneut mit unserer weiblichen Kraft, Kreativität und Sexualität – unabhängig von unserem Alter. Dieses Gefühl der Verbindung und Ganzheit ermöglicht uns, die Vergangenheit, einengende Gedanken oder erlernte Verhaltensmuster loszulassen, Stress aufzulösen und frei zu werden, um so zu sein, wie wir wirklich sind. Wir werden beginnen, anders auf Situationen zu **reagieren**, uns freier zu entscheiden und neue **Handlungsmöglichkeiten** zu entdecken.

Spiritualität: Mit dem Göttlich-Weiblichen tanzen

Jede Segnung ist ein körperliches Gebet, dass uns tiefer mit der Göttlichen Weiblichkeit verbindet und Ihre Heilung und Liebe in uns entfaltet. Wir kehren als Ihre Töchter zu Ihr zurück, erinnern uns, wer wir wirklich sind, und öffnen uns für Ihre Führung, Einsicht und Ihren Frieden. Bei jeder Segnung vertrauen wir der Göttlichen Weiblichkeit und erlauben Ihr, unseren Lebensweg und die Art, wie wir ihn gehen, zu ändern.

Persönliche Entwicklung: Rückkehr zu unserer Authentizität

Die Segnungseinstimmung ändert unseren Energielevel, was sich auf unsere Denkmuster, das Bewusstsein und die Wahrnehmung auswirkt. Wir finden die Kraft, im Einklang mit unseren weiblichen Ideen auf neue Arten zu denken, zu leben und zu handeln.

Alltagsritual: Vergangenes loslassen, die Zukunft umarmen

Die Anwesenheit des Göttlich-Weiblichen bei den Segnungen erinnert uns daran, dass wir nicht allein sind. Wie hart das Leben momentan auch sein mag, es ist »alles gut«. Wenn wir die Segnung empfangen, können wir die Vergangenheit besser ruhen lassen. Wir nehmen die Gegenwart an und treten ein in eine Zukunft der Freude, Liebe, Kraft und des Glaubens an uns selbst.

Veränderungsritual: Die Lebensphasen willkommen heißen

Das Womb Blessing gibt uns die Möglichkeit, Änderungen in unserem Leben anzunehmen. Es ist ein wunderbarer Weg, auf dem ein junges Mädchen zur Frau wird, und ein kraftvolles Mittel, den magischen Wandel der Mutterschaft und der Wechseljahre zu erleben. Auch in Zeiten des Verlusts, der Sorgen und herausfordernden Veränderungen kann die Segnung uns helfen, das Leben anzunehmen.

Was kann Womb Blessing für Männer bewirken?

In der westlichen Welt gilt, dass Männer und Frauen gleichberechtigt sind – aber sie sind nicht gleich. Männer haben andere Energiestrukturen als Frauen. Sie besitzen nicht die zyklischen Energien der Menstruation und die zyklischen Wahrnehmungsfähigkeiten von Frauen. Die vier weiblichen Archetypen können sie weder verkörpern, noch im Alter in ihrem Bewusstsein verschmelzen lassen. Sie haben auch nicht die Energiestruktur, mit der sie zwei

Seelenenergien im Körper halten können. Männer haben andere archetypische Energien – sie verbinden sich anders mit dem Göttlichen. In ihrer Wahrnehmung der Welt und ihrer Art, sich kreativ auszudrücken, unterscheiden sie sich von Frauen, denn der männliche Körper ist anders gebaut.

Viele Frauen fragen: »Was können wir tun, damit Männer unsere weibliche Natur verstehen und in der Beziehung und bei der Arbeit akzeptieren?«

Es ist nicht unsere Aufgabe, die Männer zu verändern, so wie es nicht deren Aufgabe ist, uns Frauen zu verändern. Vielmehr sollten wir uns gegenseitig darin unterstützen, Veränderungen unserer Energien wahrzunehmen und auszudrücken, um zum eigenen authentischen Selbst zu finden. Wenn wir beginnen, unsere authentische Weiblichkeit zu wecken, werden unsere weiblichen Energien auch unseren Partner, die Familie, Kollegen und die Gesellschaft beeinflussen. Ob sie sich der Veränderungen in uns bewusst sind oder nicht, sie werden darauf reagieren.

Während wir unsere authentische Weiblichkeit entfalten,
können wir Männern Raum geben, ihre authentische
Männlichkeit zu finden.

Unsere Welt ist männlich dominiert, aber das ist keine authentische Männlichkeit. Sie ist bestimmt von den primitiven Angstmustern wie Status und Überleben, Flucht oder Kampf. Auch Männer brauchen die Freiheit herauszufinden, was es bedeutet, authentisch männlich zu sein – das beinhaltet aber nicht, dass Frauen ihnen sagen, wie sie sein oder sich verhalten sollten! Männer müssen mit ihrem eigenen Körper arbeiten, mit ihren Hormonen, ihrer Wahrnehmung und ihren zyklischen Energien. Das können wir nicht für sie tun, denn *Männer und Frauen sind verschieden*.

Eine erweckte Frau kann Männern jedoch umfassendere Erfahrungen von Weiblichkeit und Sex ermöglichen. Wenn ein Mann die veränderten Energien seiner Partnerin versteht und sich daran ausrichtet, kann er seine Beziehung zu ihr vertiefen und tiefgreifende Erfahrungen mit dem Weiblichen machen. Als Antwort auf die authentische Weiblichkeit seiner Partnerin kann er sich seiner eigenen Männlichkeit stärker bewusst werden. Der Zyklus seiner Partnerin wird für ihn zu einer körperlichen Reise des inneren Entdeckens. Während sie ihre zyklische Natur erlebt und ausdrückt, gibt sie ihm die Kraft, sich mit den veränderlichen Ebenen seines Seins zu verbinden. Befindet sich seine

Partnerin in der postmenopausalen Lebensphase, in der alle authentischen weiblichen Energien zur Vollendeten Frau verschmelzen, so bietet sich ihm die einzigartige Erfahrung, mit allen Aspekten des Weiblichen gleichzeitig zu interagieren und zu erkennen, wie sich seine Männlichkeit verändert und auf die Macht, Magie, Schönheit und Weisheit der Vollendeten Frau reagiert.

Männer können die Segungen unterstützen

Immer mehr Männer unterstützen das Womb Blessing. Sie wünschen sich von Herzen, das Leben, die Heilung und Erweckung von Frauen zu unterstützen, und tun dies auf individuelle Weise. Es ist schön, die Liebe dieser Männer zu sehen. Es sind Partner, Familienmitglieder oder Freunde – Männer, die möchten, dass Frauen ihre authentische Natur entdecken, und die sich auf eine spannende Reise begeben und erforschen wollen, wie es ist, mit diesen Frauen zu leben und sie zu lieben. Spirituell aufgeschlossene Männer können, wenn eine Frau die vier Archetypen verkörpert, mit dem Göttlich-Weiblichen in eine persönliche Beziehung treten. Durch den weiblichen Körper erkennen sie das Göttlich-Männliche in sich.

Das weltweite Womb Blessing entwickelt sich organisch weiter, verändert sich. So entstand als Antwort auf die vielfach von Männern wie Frauen geäußerte Bitte, Männer aktiv an den Segnungen und dem Energietransfer teilnehmen zu lassen, die »Meditation für Männer«. Männer können auch persönlich einen Energietransfer vom Göttlich-Weiblichen erhalten. Dafür wurden Mondfrauen in einer speziellen Technik ausgebildet. Die Struktur der Aktivierung und des Energietransfers wurde von Männern ausgearbeitet. Männer und Jungen, die sich mit dem Göttlich-Weiblichen verbinden und ihre authentische Männlichkeit spüren möchten, können daran teilnehmen. Das Ritual bietet Männern die Möglichkeit, ihre eigene Beziehung zum Göttlich-Weiblichen zu erforschen. Einzelheiten dazu finden sich auf der Womb-blessing-Homepage unter dem Stichwort »The Gift for Men« in englischer Sprache. Die deutsche Version ist nach erfolgter Registrierung herunterladbar.

Altes Wissen für moderne Zeiten

In der Vergangenheit wurden in vielen Traditionen und Kulturen alle Dinge als Ausdruck des Göttlich-Weiblichen aufgefasst – und alles Maskuline galt als aus dem Weiblichen geboren. So wie sich die Göttliche Weiblichkeit in den Meeren und Sternen ausdrückt, so ist auch Männlichkeit ein Ausdruck von Ihr. Vielen von uns gelingt es aufgrund der Erziehung oder Lebenserfahrung nicht, sich den männlichen Energien zu öffnen oder ihnen vertrauen. Dann kann es schwierig sein, mit einem Mann die Heilige Sexualität zu erfahren. Auch kann es schwerfallen, dem Göttlich-Männlichen zu vertrauen, wenn wir mit einer Religion aufgewachsen sind, die die weibliche Natur unterdrückt. Möglicherweise kann das Wissen, dass das Göttlich-Männliche ein Ausdruck des Göttlich-Weiblichen ist, dann der Ausgangspunkt für Heilung sein.

Übung
Das Göttlich-Männliche erforschen

In der Mythologie und den Volksmärchen erscheint das Männliche auf unterschiedliche Weise als Sohn der Mutter – als Liebhaber, als Vater/König, Schützer und Weiser. So wie die weiblichen Archetypen finden auch die Göttlich-Männlichen Energien in Tieren ihre symbolische Entsprechung.

In dieser Meditation, die auf einer Meditation in *Roter Mond* basiert, benutzen wir das Bild eines weißen Hirsches, wie er in mittelalterlichen Geschichten vorkommt. Du kannst aber auch ein weißes Einhorn oder einen weißen Hengst wählen, wenn das für dich besser funktioniert.

- Setze dich bequem hin.
- Nimm einen tiefen Atemzug und lenke deine Aufmerksamkeit auf deinen Körper. Spüre dein Gewicht auf dem Kissen oder Stuhl. Spüre, wie schwer du bist.
- Stelle dir einen wunderschönen Baum vor. Sein Stamm zweigt sich in zwei Hauptäste auf, die voller tiefgrüner Blätter, kleiner weißer Blüten und roter Früchte sind. Du weißt, dass dies der Gebärmutterbaum ist.
- Der Baum steht inmitten eines flachen Teiches und seine Wurzeln wachsen tief in das kristallklare Wasser hinab.

- Die Landschaft ringsum ist voller sommerlicher Blumen, Gräser und Sträucher, Vögel und anderer Tiere. Goldenes Sonnenlicht wärmt und streichelt das Land.
- Du siehst, wie sich der Stamm des Baumes verändert, und schließlich tritt ein wunderschöner weißer Hirsch aus dem Baum hervor. Sein Fell ist reinweiß und strahlt, das Geweih ist groß und hat neun Enden.
- Du verspürst den Ruf Seiner Magie in deinem Herzen. Langsam steigst du in den Teich und gehst auf Ihn zu.
- Sanft und voller Bewunderung hebst du die Hand, um Seine Nase zu streicheln. Seine Augen sind dunkel und voller Sterne. Sein Atem ist süß und duftet nach Sommer.
- Lege deine Arme um seinen Hals und spüre Seine Liebe, Seine männliche Kraft in der Wärme und den Muskeln Seines Körpers. Alle Verletzungen und Schmerzen, die du in Verbindung mit dem Männlichen erlitten hast, lösen sich in Seiner Liebe auf. In der Umarmung findest du tiefe Entspannung. Du fühlst dich vollständig angenommen, geliebt, sicher und beschützt. Spüre, wie deine Verletzungen und die Verletzungen deiner weiblichen Vorfahren mit deinen Tränen in den Teich fließen, um dort von der Erdmutter gereinigt zu werden.
- Wenn du die Übung beenden möchtest, trittst du von dem weißen Hirsch zurück und öffnest Ihm dein Herz. Öffne dich und empfange das Göttlich-Männliche in der Schönheit des Mondes und in der Kraft und der Lebensenergie der Erde.
- Nimm dir Zeit, um Führung, Hilfe und Schutz zu erbitten, und danke Ihm für Seine Liebe.
- Wenn du möchtest, kannst du die Meditation fortsetzen und mit Ihm durch die sommerliche Landschaft spazieren.
- Lenke schließlich deine Aufmerksamkeit auf dein Schoßzentrum und auf deinen eigenen Gebärmutterbaum in deinem unteren Bauch. Spüre oder stelle dir vor, dass er tief unten in der Erde wurzelt.
- Nimm einen kräftigen Atemzug und öffne die Augen.

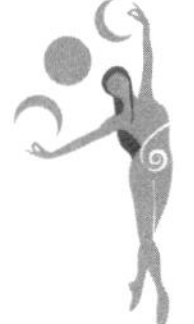

Kapitel 5: Die weltweite Gebärmutter-segnung empfangen

Mit all der Macht ausgestattet fragte sich die Erste Frau, was sie nun tun solle. Sie sah zur Mondmutter auf. Als sie sah, dass deren Gesicht zunahm, ging sie zum Hasenclan. Eine Woche blieb sie bei ihnen und erlernte viele Fähigkeiten.

Als die Mondmutter ihr volles Gesicht zeigte, ging die Erste Frau zum Pferdeclan. Die Pferde lehrten sie das Kochen und brachten ihr bei, wie man sich und anderen ein Zuhause bereitet.

Als das Gesicht der Mondmutter schmaler wurde, ging die Erste Frau zum Eulenclan. Dort erlernte sie wilde Magie, bis Mondmutter ihr bedeutete, dass es Zeit war zu gehen.

Daraufhin ruhte sich die Erste Frau in der Höhle des Bärenclans aus. Sie heilte ihre Vergangenheit und betrachtete das Universum in ihrer Schale, bis Mondmutter wieder am Himmel erschien. Sie reichte der Ersten Frau die Hand, damit sie ihr zurück ins Licht folgen möge.

Die Tage des weltweiten Womb Blessing

Die Segnungen finden jedes Jahr an fünf Vollmonden statt. So kannst du, umgeben von einer kreativen und liebevollen Familie gleichgesinnter Frauen, den Weg der weiblichen Erweckung gehen. Die Segnungen sollten so vielen Frauen wie möglich zuteilwerden. Mit Rücksicht auf die vielen Zeitzonen werden sie daher immer zu vier verschiedenen Zeiten angeboten. Es ist ein kostenloses Angebot, die Verwaltung und Organisation werden durch freundliche Spenden und wunderbare Freiwillige unterstützt, darunter insbesondere die vielen freiwilligen Übersetzerinnen, die die Informationen und Meditationen in einer wachsenden Zahl von Sprachen zur Verfügung stellen.

Das weltweite Womb Blessing gehört keiner speziellen
Tradition oder Religion an.

Die Göttliche Weiblichkeit bittet uns, eine Beziehung zu Ihr aufzubauen, die unseren individuellen Wünschen, unserer Erziehung, Erfahrung, Kultur und unseren Interessen entspricht. Und die auf unserem persönlichen Gewahrsein Ihrer Energien basiert. Wir verwenden die Namen und Bilder von Ihr, die mit unserem Herzen in Resonanz gehen. Frauen aus den verschiedensten Religionen ebenso wie nicht religiöse Frauen haben am weltweiten Womb Blessing teilgenommen und ihre persönlichen Erfahrungen mit der authentischen Weiblichkeit gesammelt.

Die Tage, an denen die Segnungen stattfinden, sind über die Jahreszeiten verteilt, um die Energien der Erdmutter und ihre Verbindung zum energetischen Schoßzentrum und den zyklischen Energien von Frauen zu reflektieren. Es sind Tage des Vollmonds oder fast vollen Mondes, wenn das Licht des Göttlich-Weiblichen in seiner Fülle in der Welt erstrahlt. Wir Frauen sind die Töchter sowohl der Erdmutter als auch der Moon Mother – wir vereinen beider Energien in unserem Schoßzentrum und spiegeln ihre Zyklen wider.

Da das Womb Blessing auf der Nordhalbkugel, in Großbritannien, begann, wurden die Vollmonde in den Monaten mit den wichtigsten keltischen Festen gewählt:

- Vollmond im Februar
- Vollmond im Mai
- Vollmond im August
- Vollmond im Oktober
- Vollmond im Dezember

Die Kelten lebten in enger Verbindung mit dem Land und achteten das Göttlich-Weibliche. Ihre Feste folgten den Jahreszeiten: Imbolc am 2. Februar zu Frühlingsbeginn, Beltane am 1. Mai zu Sommerbeginn, Lammas am 1. August zu Herbstbeginn und Samhain am 31. Oktober zu Winterbeginn. Die fünfte Segnung findet zu Vollmond nahe der Wintersonnenwende statt.

Trotzdem ist das **Womb Blessing *nicht* kulturspezifisch**. Viele Traditionen kennen die gewählten Vollmonde unter den verschiedensten Namen und mit den unterschiedlichsten Assoziationen. Der Vollmond im Mai beispielsweise ist in manchen nordischen Kulturen bekannt als »Blumenmond« oder »Drachenmond«.

Oft fühlen wir uns in unserem modernen Leben von den Rhythmen der Natur entfremdet. Indem wir die Zyklen des Landes, in dem wir leben, erkennen und ausdrücken, werden wir uns unserer eigenen Verbindung mit den Zyklen des Universums bewusst.

Auf der Südhalbkugel gilt der umgekehrte Kalender. Daher drücken die Vollmonde an den Segnungstagen den jeweils entgegengesetzten Aspekt des Göttlich-Weiblichen aus.

Übung
Mache das nächste Worldwide Womb Blessing zu einer Jahreszeitenfeier

Wir leben nicht alle in einem gemäßigten Klima mit vier Jahreszeiten. Wenn ein Segnungstag ansteht, beobachte die Natur um dich herum, beobachte das Wetter, wie die Pflanzen wachsen und wie du dich fühlst.

- Gib jedem Vollmond, an dem Segnungen stattfinden, einen Namen, entweder einen traditionellen aus deiner Kultur oder einen, der deinen Beobachtungen entspricht.
- Vielleicht möchtest du einen kleinen Altar für die Segnung herrichten, der die Energien der jeweiligen Jahreszeit, die damit assoziierten weiblichen Bilder und Tiere und deine Gefühle widerspiegelt.
- Wenn du eine **Womb-Blessing-Gruppe leitest**, bitte die teilnehmenden Frauen, für die Mitte des Raumes etwas mitzubringen, das die Energien der Jahreszeit reflektiert. Auch für die Jahreszeit typische Gerichte oder saisonale Lebensmittel können sie mitbringen. Dekoriere den Raum in den Farben und mit den Pflanzen der Jahreszeit.

Teile das Göttlich-Weibliche mit anderen Frauen

Viele Frauen kämpfen damit, spirituelle Erfüllung oder Sinn in ihrem Leben zu finden. Wenn wir uns mit der Göttlichen Weiblichkeit verbinden, vernehmen wir Ihre Stimme in unserem Herzen. Sie ruft uns auf, anderen Frauen zu helfen, die Erde, auf der wir leben, zu heilen und wiederzuerwecken, damit die heiligen weiblichen Energien alle Lebewesen umschließen können.

An den Tagen der weltweiten Gebärmuttersegnung verbinden sich Frauen über ihre Schoßzentren, um ein weltweites Netzwerk der heiligen weiblichen Energie zu erschaffen. Nach der Segnung besteht die Möglichkeit, dieses Netzwerk zu nutzen und in der Seelen-Teilen-Meditation die Liebe und das Licht des Göttlich-Weiblichen um die Welt zu schicken. Da die teilnehmenden Frauen miteinander verbunden sind, können sie gleichzeitig geben und empfangen.

Der Vorzug moderner Technologien ist, dass auch Frauen, die an entlegenen Orten leben, spüren, dass sie den Weg der Erweckung und Erforschung der weiblichen Energien nicht alleine gehen. Die Seelen-Teilen-Meditation hilft uns, diese Verbindung zu spüren und ein Gefühl der Zugehörigkeit zu einer weltweiten Familie zu entwickeln.

Die Welt verändern – Schritt für Schritt

Jede Frau, die am weltweiten Womb Blessing teilnimmt, spielt eine aktive Rolle bei der Erweckung der authentischen weiblichen Energien in den Herzen, Köpfen und Schößen von Frauen und ebenso dabei, die Welt zu verändern. Je mehr Frauen teilnehmen, desto mehr Energie wird geteilt, wodurch umfassendere Heilung, schnellere Erweckung und tieferes Bewusstsein für die Verbindung mit dem Göttlich-Weiblichen entstehen.

Wir können es spüren: Je mehr Frauen am Womb
Blessing teilnehmen, desto höher schwingt die Energie.
Und je mehr Energie geteilt wird, desto tiefgreifender
sind die Effekte.

Auch wenn wir nur wenige Minuten an der Womb-Blessing-Meditation und der Seelen-Teilen-Meditation teilnehmen, empfangen wir die Energie des Göttlich-Weiblichen in unserem Körper und unserem Leben. Gleichzeitig beeinflussen wir persönlich das Leben vieler Frauen rund um den Globus.

Nach all den Einschränkungen, die wir Frauen erleben, verspüren wir den Wunsch in uns, Hebammen bei der Geburt einer neuen Welt zu sein, in der das Männliche und das Weibliche individuell authentisch sind, sich gegenseitig respektieren, ehren und harmonisch miteinander leben.

Übung

Registriere dich für das nächste Worldwide Womb Blessing

Gehe auf www.wombblessing.com, wähle für die deutsche Sprache das entsprechende Fahnensymbol und klicke auf »registration«, um dich für das nächste Womb Blessing zu registrieren. Gib Name, E-Mail-Adresse, Anschrift und Land sowie die Sprache an. Du wirst dann gebeten, dich für eine von vier Zeiten des Tages, an dem du Segnung erhalten wirst, zu entscheiden. Bitte beachten: Die angegebenen Zeiten entsprechen der Zeitzone Großbritanniens. Bitte rechne die Zeit des Landes, in dem du dich befindest, selbst aus.

Deine Informationen bieten einen Fokus, um dir die Segnung zu schicken. Außerdem wirst du anhand der Daten an das nächste Womb Blessing erinnert. Bitte registriere dich auch, wenn du in der Gruppe an der Segnung teilnimmst. Wähle dann die Zeit aus, zu der sich die Gruppe für die Segnung treffen wird.

Es ist notwendig, dass du dich für jede Segnung, an der du teilnehmen möchtest, erneut anmeldest.

Weltweites Womb Blessing: So nimmst du teil

Das musst du tun, um die Gebärmuttersegnung zu erhalten:

- Registriere dich für eine der vier angebotenen Zeiten.
- Auf der Homepage findest du eine Anleitung zum Download in verschiedenen Sprachen. Dort wird erklärt, was du an dem Tag tun solltest.
- Lade dir auch die Archetypen-Meditation herunter. Mehr zu den Meditationen findet sich im folgenden Kapitel.
- Suche alles zusammen, was du für die Segnung brauchst (eine Liste folgt unten).
- Setze dich entspannt hin, lies die Womb-Blessing-Meditation und entspanne dich, um die Segnung zu empfangen. Nach 20 Minuten kannst du, wenn du möchtest, die Seelen-Teilen-Meditation und auch die übrigen Meditationen machen.
- Zum Abschluss iss und trinke etwas, um die Segnung zu feiern.

Du kannst die Segnung überall empfangen: im Schlafzimmer, im Büro, allein oder zusammen mit anderen Frauen, im Park, am Strand oder an einem anderen öffentlichen Ort.

Nach den ersten weltweiten Gebärmuttersegnungen begannen Frauen spontan, regelmäßig in Gruppen ihre Energien zu teilen. Folge deinem Herzen und deiner Intuition, um eine Gruppe zu gründen. Manche sind klein und eher privat, andere sind groß und treffen sich bei öffentlichen Events, wieder andere finden online in der virtuellen Welt statt. Das weltweite Womb Blessing wächst auf weibliche Art – organisch, mit erstaunlicher Leidenschaft, Inspiration und Kreativität.

Deine Ausrüstung für das Womb Blessing

Die Womb-Blessing-Meditation wird etwa 20 Minuten dauern, die Seelen-Teilen-Meditation weitere zehn bis zwölf Minuten. Diese beiden Meditationen bilden das Herz der Segnung und bleiben immer gleich. Im Anhang und auf www.wombblessing.com findest du ein Rad der Zeit. Es gibt Auskunft darüber, welche Archetypenmeditation in welchem Monat ansteht.

Das brauchst du, um teilzunehmen:

- **Zwei kleine »Gebärmutterschalen«.** Diese Schalen müssen wasserdicht und feuerfest sein. Dazu eignet sich Geschirr, etwa Müslischalen. Oder du besorgst dir besondere Schalen, die für diesen Zweck reserviert sind. Eine Schale wird mit Wasser gefüllt, das das Lebendige Wasser der Gebärmutter repräsentiert. Es wird am Ende der Meditation getrunken. In der zweiten Schale steht ein Teelicht. Es repräsentiert das Licht des Göttlich-Weiblichen in unserer Gebärmutter.
- Ein **Ausdruck der Womb-Blessing-Meditation** und der Seelen-Teilen-Meditation. Alternativ lädst du die Audioversion herunter.
- Etwas Schönes zu essen und zu trinken.
- Einen **Stuhl mit aufrechter Lehne** oder ein Kissen für den Boden.
- Einen **Schal zum Umlegen.** Das hilft, einen heiligen Raum um dich herum zu schaffen und dich auf dein Inneres zu konzentrieren.

Vor dem weltweiten Womb Blessing

- Suche oder kaufe zwei Schalen, die du als Gebärmutterschalen verwenden möchtest. Wenn du Zeit hast, wähle etwas, was deine Gefühle in Bezug auf deine Gebärmutter, deine Weiblichkeit, die Segnung und das Göttlich-Weibliche widerspiegelt. Suche nach Farben, Mustern, Formen, die deine Gefühle ausdrücken könnten.
- Suche dir einen speziellen Schal, den du bei der Segnung tragen wirst. Vielleicht wählst du eine Farbe, die deinen Gefühlen für das Göttlich-Weibliche am besten entspricht oder die zu deiner aktuellen Zyklusphase passt.
- Erstelle eine Playlist mit deiner Lieblingsmusik, um sie während den Meditationen im Hintergrund abzuspielen.
- Wähle ein Parfüm oder ein ätherisches Öl passend zur Jahreszeit oder zu deiner Zyklusphase.
- Suche Dinge aus, mit denen du den Raum oder einen Altar dekorierst.
- Drucke die Meditationstexte aus oder lade die Audioversionen aus dem Internet herunter.
- Um danach zu feiern, bereite mondbezogenes Essen vor.
- Um dich vorzubereiten und dich mit deiner Gebärmutter zu verbinden, kannst du ein paar Tage vor der Segnung die Meditation »Die Schale umrühren« aus Kapitel 2 machen.

Während der Segnung

Zur Vorbereitung:

- Setze dich entspannt hin, die beiden Schalen stehen vor dir.
- Gib etwas Wasser in die linke Schale. Zünde dann das Teelicht an und stelle es in die rechte Gebärmutterschale.
- Lege dir den Schal um die Schultern.
- Lege den Text für die Meditation bereit.

Zur gewählten Uhrzeit:

- Lies langsam die **Womb-Blessing-Meditation**. Lass dir Zeit, um die Bilder oder Gefühle entstehen zu lassen.
- Bleibe entspannt sitzen und öffne dich, um die Segnung zu empfangen, bis insgesamt 20 Minuten vergangen sind. Hast du als Uhrzeit beispielsweise 6 Uhr gewählt, dann dauert die Segnung bis 6:20 Uhr.
- Öffne deine Augen. Wenn du möchtest, kannst du nun die anderen Meditationen machen. Anleitungen dazu stehen nach der Anmeldung im Internet zum Download bereit.
- Bewege dich sanft, iss und trink, was du vorbereitet hast, um die körperliche Anwesenheit des Göttlich-Weiblichen zu zelebrieren.
- Die Segnungseinstimmung kann entgiftend wirken. Trinke daher genügend Wasser an diesem und dem folgenden Tag.

Die Womb-Blessing-Tage sind etwas ganz Besonderes. Wir haben uns der Anwesenheit des Göttlich-Weiblichen geöffnet und uns mit tausenden Frauen in aller Welt verbunden, um die Energien aufs Neue in der Welt zu aktivieren. Für einige wird es eine körperliche, für andere eine visuelle oder emotionale Erfahrung sein, wieder andere werden Frieden und innere Führung spüren.

Es ist wichtig, dass wir am Womb-Blessing-Tag sanft zu uns selbst sind. Wir haben einen heiligen Raum betreten und eine Weile in der Anwesenheit des Göttlich-Weiblichen verbracht. Der Weg zurück in den Lärm und die Aktivitäten des Alltags kann sonst ein kleiner Schock werden.

Übung
Gründe deine eigene Gruppe!

Jeder kann eine Womb-Blessing-Gruppe gründen – und je kreativer und individueller die Gruppen sind, desto besser! Wenn wir die Segnung in der Gruppe empfangen, kann die Erfahrung tiefgreifender sein. Zudem fühlen wir uns sicherer und finden Unterstützung auf unserem Weg.

Ob ihr zu zweit seid oder zu hundert, die Energie wird in jedem Fall stärker sein.

Wenn wir mit anderen Frauen in einer Gruppe sind, gehen unsere Gebärmütter und unsere weiblichen Energien in Resonanz. Es ist an der Zeit, dass wir diese Erfahrung zurückbringen in unsere moderne männlich geprägte Welt. Daher …

Beginne im Kleinen – besonders, wenn du noch nie zuvor in einer Frauengruppe warst.

Bitte andere Frauen, eine Freundin mitzubringen.

Erkläre ihnen, dass das Womb Blessing eine Reise der Erweckung und Heilung ist, und ermutige sie, an allen fünf Segnungen teilzunehmen.

Erinnere die anderen Frauen an die nächste Segnung.

Sage ihnen, wo und für welche Zeit sie sich anmelden sollen, um die Segnung in der Gruppe zu erhalten.

Erstelle eine Checkliste.

Vertraue auf deinen Mut und auf dein Herz.

Das weltweite Womb Blessing ist kostenlos. Aber du kannst um einen kleinen Betrag bitten, um deine Ausgaben für Kopien, Essen, Wasser, Blumen usw. zu ersetzen.

Häufige Fragen über das weltweite Womb Blessing

Wie fühlt sich eine Gebärmuttersegnung an?

Wir wir unseren Körper, unseren Zyklus und unsere Energie empfinden, ist individuell verschieden – genauso ist es auch mit unserer Beziehung zum Göttlich-Weiblichen. Körperbetonte Frauen spüren die Segnung vielleicht körperlich, gefühlsbetonte Frauen empfinden vielleicht Liebe, Freude, Frieden oder ein Gefühl der Erdung. Andere »sehen« Farben, Szenen oder Bilder. Auch kann jede Segnung sich anders anfühlen, da sich unsere Energien mit der Zeit verändern und wir offener und achtsamer werden.

Die Energien der Segnung sind immer gleich, sie verändern sich nicht mit den Jahreszeiten, den Mond- oder unseren Zyklusphasen. Aber unsere Erfahrungen mit dem Womb Blessing können sich wandeln.

In der Segnung öffnen wir uns dem Göttlich-Weiblichen. Für einige von uns mag das eine Herausforderung sein, denn in unserem Schoßraum können körperliche, geistige oder seelische Traumata verankert sein. Dann kann es schwerfallen, diese Körperregion zu entspannen und zu öffnen. Aber mit jeder Segnung werden wir uns tiefer entspannen und leichter öffnen, wir werden uns in diesem Bereich unseres Körpers wohler fühlen – und dann können wir die Segnung tiefer erleben.

Muss ich etwas besonders tun?

Um die Segnung zu empfangen, lies die Womb-Blessing-Meditation zu der Zeit, zu der du dich angemeldet hast, und entspanne dich. Du brauchst keine besondere Atemtechnik anzuwenden, die Hände nicht zum Mudra formen und keine besondere Position einnehmen. Du brauchst auch die Meditation nicht im Detail zu visualisieren oder darum kämpfen, dass etwas passiert. Unsere Absicht und die Entspannung während der Meditation reichen völlig, um die Energie zu empfangen.

Werde ich mich verändern? Werde ich heilen?

Sobald wir die Segnungsenergie empfangen haben, werden wir uns verändern, ob wir uns dessen bewusst sind oder nicht. Die Veränderungen können dramatisch sein oder allmählich über Monate oder Jahre passieren. Die Segnung kann uns formen, kann unsere Gefühle, unsere Handlungen und unser Leben verändern. Und sie kann uns inspirieren, mithilfe der neu gewonnenen Achtsamkeit zu wachsen.

Wie das Womb Blessing wirken wird, lässt sich nicht voraussagen. Wir können die Energie auch nicht dirigieren, um etwas Bestimmtes zu verändern oder zu heilen. Vielleicht gibt es etwas Wichtiges, dessen wir uns nicht bewusst sind, das aber zuerst geheilt werden muss. Die Segnungsenergie ist die Liebe des Göttlich-Weiblichen, daher sind alle Veränderungen zu unserem Besten.

Darf ich den Wortlaut der Meditationen verändern?

Es ist wichtig, sich an den Wortlaut der Meditationen zu halten. Die Womb-Blessing-Meditation ist ein energetischer Prozess, der auf die weibliche Energiestruktur abgestimmt ist und Frauen darauf vorbereiten soll, die Segnungseinstimmung zu erhalten. Wenn du sie abwandelst, wirst du meditieren – aber du wirst nicht die transformierende Segnung erhalten.

Dadurch, dass mehr und mehr Frauen weltweit dieselben Worte benutzen, gewinnt die Meditation an Kraft. Das macht es allen Teilnehmerinnen leichter, sich mit den Schwingungen der Göttlich-Weiblichen Energie zu verbinden, ganz egal, ob sie Anfängerinnen oder Fortgeschrittene sind.

Wer kann teilnehmen?

Sowohl bei den weltweiten Ereignissen als auch individuell oder in der Gruppe mit einer Moon Mother ist das Womb Blessing offen für alle Frauen.

Junge Mädchen: Sie können an den Meditationen teilnehmen, aber um sich anzumelden und die Segnungsenergie zu empfangen, müssen sie bereits ihre erste Monatsblutung gehabt haben. Ein weltweites Womb Blessing ist für Mädchen eine wunderbare Gelegenheit, den Übergang zum Frausein zu feiern.

Frauen ohne Gebärmutter: Auch nach einer Hysterektomie können Frauen teilnehmen, denn sie besitzen weiterhin ein energetisches Schoßzentrum und verkörpern die vier weiblichen Archetypen.

Wechseljahre: Frauen in oder nach den Wechseljahren bietet das Womb Blessing die Gelegenheit, sich mit den Energien und Aspekten sämtlicher Archetypen zu verbinden, besonders jener, die sie verloren oder nicht richtig ausgelebt haben. So können sie sanft in das Stadium der Vollendeten Frau übergehen.

Schwangere: Auch schwangere Frauen können die Segnung empfangen. Das Baby kann selbst bestimmen, ob es die übertragene Energie annehmen möchte. Bei einer persönlichen Segnung frage deine Moon Mother nach den Richtlinien.

Sexuelle Orientierung: Jede Person, die mit der Womb-Blessing-Meditation in Resonanz geht, kann die Segnung empfangen, unabhängig von ihrer sexuellen Orientierung oder Identität. Denn es ist diese Meditation, durch die du dich darauf vorbereitest, das Geschenk der Segnungseinstimmung entgegenzunehmen.

Wenn du während der Meditation spürst, dass sich deine Energie oder dein Gewahrsein verändert, dann weist das darauf hin, dass du dich energetisch mit dem Womb Blessing verbinden kannst. Deine innere Stimme wird dir sagen, ob du eine persönliche Segnung bekommen oder an dem nächsten weltweiten Ereignis teilnehmen möchtest.

Verspürst du keine Veränderung während der Meditation, dann bedeutet das, dass das Womb Blessing momentan nicht der geeignete Weg für dich ist, um dich mit dem Göttlich-Weiblichen zu verbinden. Für dich gibt es einen anderen Weg.

Unsere moderne Welt hat eine sehr eingeschränkte Sicht auf Weiblichkeit und Männlichkeit. Es liegt an jedem einzelnen von uns zu entdecken, was diese Konzepte für uns bedeuten. Und es steht uns frei, uns selbst auszudrücken.

Alle Meditationen und Aktivitäten in Kapitel 8, bei denen es um die weiblichen Archetypen geht, stehen auch Menschen ohne Gebärmutter oder Menstruationszyklus offen. Sie nutzen stattdessen den Mond- oder jahreszeitlichen Zyklus.

Männer: An manchen Womb-Blessing-Gruppen nehmen auch Männer teil. Auch erleben manche Paare die Segnung gerne gemeinsam. Die meisten

Männer können aufgrund der Struktur ihrer Energie die Segnungseinstimmung nicht empfangen. Sie können aber an Meditationen für Männer teilnehmen.

Was, wenn ich den von mir gewählten Zeitpunkt verpasse?

Mach dir keine Sorgen, so ist nun mal das Leben. Dann machst du einfach irgendwann *nach* dem gewählten Zeitpunkt die Womb-Blessing-Meditation und sitzt entspannt für 20 Minuten, um die Segnung zu empfangen. Die Erfahrung wird aber weniger tief und kraftvoll sein, als wenn du gemeinsam mit vielen anderen Frauen zur gleichen Zeit teilnimmst.

Nach dem Womb Blessing

Die Segnungseinstimmung beginnt mit einem Prozess der »Geburt« als eine neue Frau. Einen Monat lang wird die Segnungsenergie wirken – alle vier Archetypen umfassend und in Übereinstimmung mit deiner Zyklusphase oder der Mondphase.

Während dieses Prozesses klären sich bei jedem der vier Archetypen alte körperliche, emotionale und geistige Muster, die wir nicht mehr brauchen. Daher ist es wichtig, den gesamten Monat über sanft zu uns selbst zu sein. Die Hinweise in Kapitel 7 helfen zu verstehen, auf welche Weise jeder einzelne Archetyp geheilt und transformiert wird. Wenn du dich besonders empfindsam fühlst, Schmerzen verspürst oder alte Ängste und Gedankenmuster wieder aufkommen, dann sind dies willkommene Zeichen dafür, dass wir in eine authentischere Weiblichkeit hineingeboren werden. Manchmal kann ein bisschen Hilfe bei diesem Prozess oder im Umgang mit den zyklischen Energien notwendig werden. Moon Mothers bieten hierfür eine spezielle *Gebärmutterheilung und Harmonisierung der weiblichen Energie* an.

Auch ein Tagebuch kann hilfreich sein: Notiere nach dem Womb Blessing einen Monat lang jeden Tag deine Zyklusphase sowie die emotionalen, körperlichen, geistigen und spirituellen Erfahrungen. In der Hektik des Alltags bleibt vielleicht wenig Zeit für Einträge. In *Roter Mond* findest du ein Schema, die Mond-Chronik, mit dem du schnell und einfach das Erwachen der Energien verfolgen kannst. Bei manchen Frauen beginnt sich der Zyklus an den

Mondphasen zu orientieren. Daher kann die nächste Menstruation etwas früher oder später als gewöhnlich einsetzen.

Nach der Segnung ist es notwendig, dass wir ein klein wenig mehr in Übereinstimmung mit unseren Zyklusphasen (oder den Mondphasen, wenn wir keinen Zyklus mehr haben) leben, um unsere weiblichen Energien im Alltag zu verankern. **Wenn wir nicht beginnen, in Harmonie mit den weiblichen Archetypen und ihren Energien zu leben, dann werden wir wieder getrennt von dem wunderbaren Gefühl des Einsseins, der Kraft und Selbstliebe, die sie uns bringen.** Der Weg des Womb Blessing, wie er in Kapitel 9 beschrieben ist, stellt diese Harmonie her. In *Roter Mond* finden sich weitere Anregungen, wie du kreativ und spirituell mit den Archetypen arbeiten kannst.

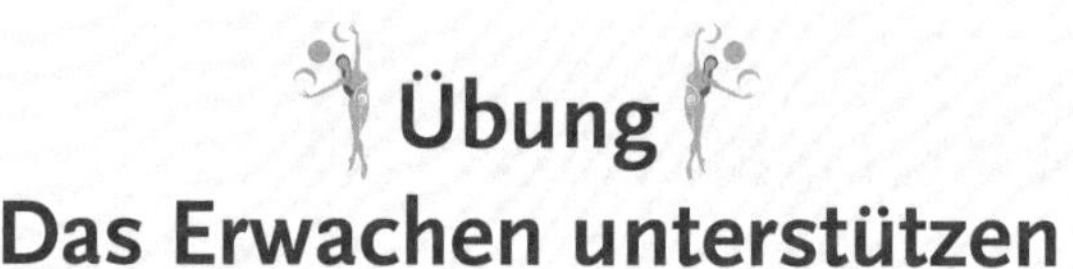

Übung
Das Erwachen unterstützen

Der Segnungstag und der Tag danach:

- Gehe liebevoll mit dir selbst um. Wenn möglich, gönne dir einen Tag der Ruhe, meditiere oder gehe raus in die Natur. So bleibst du im Gewahrsein der Göttlich-Weiblichen Energie, die durch dich fließt. Feiere diesen Tag, um dein weibliches Ich zu nähren und zu pflegen.
- Trinke viel Wasser, um die entgiftende Wirkung der Energie zu unterstützen.
- Bei größeren energetischen Veränderungen verbraucht der Körper Energie, um diese Veränderungen zu integrieren. Das kann direkt danach, einige Stunden später oder am folgenden Tag Müdigkeit verursachen. Es ist wichtig, dass du regelmäßig isst, dich gesund ernährst und ausruhst, um dem Körper die Gelegenheit zu geben, seine Energien zu erneuern.
- **Wenn du während der Segnung deine Menstruation hast oder kurz davor stehst,** solltest du besonders auf genug Essen, Trinken und ausreichend Schlaf achten. In der Zeit vor der Menstruation ist es natürlich, dass die körperliche Energie abnimmt. Unterstütze deinen Körper, indem du dich ausruhst. Dies gilt auch für die Phase der Menstruation, in der sich die Energien erneuern.
- Beginne mit deinem Tagebuch oder deiner Mond-Chronik.

Erste Woche nach der Segnung:

- Gehe liebevoll mit deinen Mitmenschen um. Die Schwingungen deiner Energie ändern sich – deine Freunde und Familie mögen sich dessen nicht bewusst sein, aber sie werden die Veränderungen spüren. Genau wie du müssen sie sich erst daran gewöhnen. Bis dahin brauchen sie vielleicht ein wenig Bestätigung von dir.
- Nimm dir jeden Tag fünf Minuten Zeit für die Selbstheilung. Die Technik ist in den Womb-Blessing-Unterlagen beschrieben. Das wird dir helfen, alte Muster aufzulösen und dich auch im Alltag zentriert, stark und geliebt zu fühlen.
- Wenn du Begleitung magst, kannst du einer der vielen Online-Gruppen beitreten oder eine Moon Mother, die als Mentorin (Moon Mother Mentor) ausgebildet ist, kontaktieren.
- Für besondere energetische Unterstützung bitte eine Moon Mother um eine *Gebärmutterheilung und eine Harmonisierung der weiblichen Energie.*

Zweite Woche:

- Führe weiterhin das Tagebuch und setze die Selbstheilung fort.
- Mache während dieser Woche zwei- oder dreimal die Womb-Blessing-Meditation für zehn bis 15 Minuten. Dadurch erschaffst du einen Zufluchtsort Göttlich-Weiblicher Energien, in dem du Stress abstreifen und deine weiblichen Batterien wieder aufladen kannst.

Dritte Woche:

- Setze dir zum Ziel, in kleinen Dingen im Einklang mit deinen zyklischen Energien zu leben.
- Setze die Selbstheilung fort und arbeite mithilfe der Womb-Blessing-Meditation weiter an deinem weiblichen Zufluchtsort.

Vierte Woche:

Setze die Selbstheilung und die Arbeit an deinem weiblichen Zufluchtsort fort.

- Gehe den Weg weiter und mache das Womb Blessing zu einem Teil deines persönlichen und spirituellen Wachstums. Kontaktiere eine Moon Mother, um eine persönliche Segnungseinstimmung zu erhalten.
- Wenn du dich intensiver mit deiner zyklischen Natur und deinem persönlichen Erwachen auseinandersetzen möchtest, kontaktiere eine Moon-Mother-Mentorin.

Und wenn du den Wunsch verspürst und anderen Frauen helfen möchtest, durch das Womb Blessing zu heilen und die weiblichen Energien zu aktivieren, dann werde selbst eine Moon Mother!

Übung
Selbstheilungsmeditation

Diese Meditation kannst du täglich für fünf bis zehn Minuten oder länger machen, um zu heilen und deine Energien zu aktivieren.

- Setze oder lege dich entspannt hin, die Hände liegen über dem Schoßzentrum.
- Stelle dir einen großen Vollmond über deinem Kopf vor. Er füllt deine Gebärmutter mit wunderschönem silbrigem Licht.
- Erlaube der Energie, durch dich zu fließen. Vielleicht spürst du in deiner Gebärmutter oder in den Händen, wie die Energie fließt. Aber auch wenn du nichts spürst, fließt die Energie auf deine einzigartige, individuelle Art in dich.
- Entspanne dich und genieße!
- Um die Meditation zu beenden, atme tief ein und aus, bewege Finger und Zehen, öffne die Augen und lächle. Danke dann dem Göttlich-Weiblichen für die Heilung.

Kapitel 6: Die Womb-Blessing-Meditationen – die weibliche Spiritualität verstehen und teilen

Die Erste Frau war beschäftigt. Mithilfe der Kraft ihrer Schale hatte sie viele Dinge geschaffen. Drinnen standen ein Spinnrad und ein Webstuhl, in Körben neben der Tür lagerte Geschirr. Aus dem Ofen draußen roch es nach frischem Brot, und die Erste Frau saß im Garten und schälte Erbsen. Alles war gut.

Aber dann kam der Fuchs.

Er sah, wie die Erste Frau Schönheit und Wunder schuf, und war eifersüchtig. Er wollte ihre Kräfte.

»Hallo, Erste Frau«, sagte er und verbeugte sich tief. »Wie wunderbar ist deine Schönheit, wie erstaunlich sind deine Kräfte!«

»Aber ich habe bemerkt«, fügte er verschlagen hinzu, »dass du jede einzelne Kraft nie besonders lange besitzt. Sie scheinen dich immer wieder zu verlassen. Wie kannst du damit leben?«

Die Erste Frau lächelte. »Ich weiß, dass sie immer wieder zu mir zurückkehren. Ich warte einfach, bis sie wieder da sind.«

»Aber woher weißt du das?«, fragte der Fuchs. »Was, wenn sie nicht zurückkommen? Dann hast du nichts. Es ist besser, wenn du immer gleich bist, dann fühlst du dich sicherer.«

Die Erste Frau zögerte. Zweifel und Sorge formten sich in ihrem Geist. Der Fuchs sah, dass er im Begriff war zu gewinnen.

»Sieh nur, wie sehr deine Kräfte dir das Leben schwermachen. Es ist beängstigend, nicht die Kontrolle über sich selbst zu haben, nicht zu wissen, wie man sein wird und was man tun wird. Ohne sie bist du besser dran.«

Die Erste Frau betrachtete die Dinge an ihrem Kraftgürtel. »Aber wie kann ich sie loswerden?«, fragte sie.

»Ach, das ist einfach«, sagte der Fuchs. »Ich helfe dir. Gib sie mir. Ohne die

Kräfte, die dich ständig unterbrechen, kannst du dich darauf konzentrieren, immer dieselbe zu sein. Und deine Schale wird die Macht über dich verlieren.«

Er lächelte. »Die Angst, die Kontrolle zu verlieren, wird genügen, um deine Kräfte von dir fernzuhalten.«

Die Erste Frau spürte, wie Angst in ihr wach wurde. Sie hatte Angst, keine Kontrolle über sich oder ihren Körper zu haben, sie fühlte sich schuldig, weil sie nicht zu jeder Zeit in allem gleich gut war, nicht immer gleich reagierte oder fühlte.

»Die Schale ist keine gute Quelle der Kraft«, erklärte sie. »Sie hält mich davon ab, zu sein und zu tun, was ich will!«

»Ja«, bestätigte der Fuchs und hielt die Hand auf.

Die Womb-Blessing-Meditation: Eine tiefgreifende Erfahrung der weiblichen Energiestruktur

Dies ist die wichtigste Meditation. Seit dem ersten weltweiten Womb Blessing haben alle teilnehmenden Frauen rund um den Globus sie miteinander geteilt.

- Schließe die Augen und richte deine Aufmerksamkeit auf deinen Körper.
- Spüre dein Gewicht auf dem Kissen, das Gewicht deiner Arme in deinem Schoß. Atme tief ein und fühle dich in deinem Inneren zentriert.
- Richte deine Aufmerksamkeit auf deinen Schoßraum. Siehe, wisse, spüre oder stelle dir vor, dass er wie ein Baum ist, mit zwei Hauptästen, wunderschönen Blättern und roten, juwelenartigen Früchten.
- Spüre oder stelle dir vor, wie die Wurzeln tief hinab in die Dunkelheit der Erde wachsen, um dich zu verbinden und zu verankern. Sie leiten goldene Energie in deine Gebärmutter.
- Fühle dich geerdet und im Gleichgewicht. (Pause)
- Nun erlaube deinem Gebärmutterbaum zu wachsen, bis sich die Äste auf der Höhe deines Herzen verzweigen.
- Während du dich mit diesem Bild verbindest, siehe oder fühle, wie sich dein Herzzentrum öffnet und Energie deine Arme hinabfließt bis in die Hände und Finger.
- Fühle die verbindende Liebe zwischen der Erde, deiner Gebärmutter und deinem Herzen. (Pause)
- Bleibe mit deiner Achtsamkeit bei deinem Herzen und schaue auf. Die Äste

wachsen weiter nach oben, um den Vollmond über deinem Kopf zu wiegen. Der Vollmond badet dich in reinem silbrig weißem Licht, das durch deine Aura hindurch über deine Haut fließt. (Pause)

- Öffne dich, um das Licht des Mondes zu empfangen. Erlaube dem Licht, an deinem Scheitel in dich hineinzufließen und dein Gehirn zu füllen. (Pause)
- Entspanne dich und lasse das Licht in dein Herz eintreten. (Pause)
- Entspanne dich weiter, öffne deine Gebärmutter für diese Energie und empfange den Segen. (Pause)

Die Womb-Blessing-Meditation: Der Ursprung des Gebärmutterbaums

Die Womb-Blessing-Meditation basiert auf dem alten Bild des **Mondbaumes**, das sich in frühen Kulturen findet und mit weiblichen Energien assoziiert ist. Im Kapitel »Die Erweckung« in *Roter Mond* begegnen wir bereits dem Gebärmutterbaum als Bild des heiligen Mondbaumes. In diesem Kapitel wird der Traum eines jungen Mädchens namens Eva erzählt, den sie in der Nacht ihrer ersten Menstruation träumt. Evas Geschichte geht mit den weiblichen Archetypen und Symbolen in uns in Resonanz, sodass sie uns bewusst werden und wir Worte und Bilder finden, um unsere zyklische Natur zu verstehen. Somit ist die Geschichte eine Einführung in unsere zyklische Natur.

In »Die Erweckung« nimmt die Herrin des Mondes Eva mit auf eine Reise, um andere Frauen und Göttinnen zu treffen, die die Energien der verschiedenen Phasen des Menstruationszyklus repräsentieren. Dort trifft Eva auf ihren Gebärmutterbaum:

> Die Herrin des Mondes führte sie hinaus zu einer Lichtung, in deren Mitte ein wunderschöner Baum mit einem rosasilbrigen Stamm stand. Der Stamm teilte sich in zwei ausladende Äste mit Zweigen, an denen eine Fülle roter Früchte hing. Der Vollmond schien in seinen oberen Zweigen zu ruhen, und sein Licht spiegelte sich in einem Teich mit dunkelblauem Wasser, das die kleine Insel umgab, auf der der Baum wuchs. Verschlungene Wurzeln rankten sich aus dem Erdreich hinab ins Wasser des Teiches.
>
> »Dies ist dein Gebärmutterbaum«, sagte die Herrin des Mondes und berührte Evas Bauch knapp unter dem Nabel. Eva spürte, wie in Reaktion

auf diese Berührung der Bereich um ihre Gebärmutter zunehmend warm wurde. Und ebenso reagierte auch der Gebärmutterbaum darauf und glühte vor Energie.

Übung
Den eigenen Gebärmutterbaum aufsuchen

Diese Meditation basiert auf einer Übung aus *Roter Mond*. Sie verbindet dich mit deinem eigenen Gebärmutterbaum und hilft dir, eine interaktive und positive Beziehung zu deiner Gebärmutter und deinem Zyklus aufzubauen.

- Setze dich bequem hin, atme tief ein und aus und entspanne dich.
- Stelle dir vor oder fühle, dass du von silbrigem Nebel umgeben bist.
- Während sich der Nebel lichtet, trittst du auf eine warme, vom Mond beschienene Lichtung.
- In der Mitte der Lichtung siehst du einen Baum, der auf einem Hügel inmitten eines Teiches steht. Der Stamm ist silbrig-rosa und teilt sich in zwei Hauptäste auf. An den Enden der Äste hängen Büschel von Blättern und leuchtend roten Früchten. Der volle Mond über dem Baum badet die Lichtung in silbrigem Licht.
- Dies ist dein Gebärmutterbaum.
- Wie fühlt er sich für dich an? Geht es ihm gut, fühlt er sich geliebt, reagiert er bereitwillig auf deine Aufmerksamkeit?
- (Pause)
- Der Baum scheint vor Energie zu schimmern. Du fühlst eine tiefe Resonanz, sowohl in deinem Geist als auch in deiner Gebärmutter.
- (Pause)
- Du gehst ans Ufer des Teiches. Das Wasser ist dunkel, aber du kannst sehen, wie die Wurzeln in der Tiefe verschwinden.
- Du siehst auch dein Spiegelbild, über dem der Mond tanzt, und öffnest dich den Geheimnissen des Universums, die im Wasser verborgen liegen.
- Intuitiv spürst du die universelle Verbindung zwischen Frauen und dem Mond, der Gebärmutter und den Mondphasen, die magische Verbindung zwischen deiner Gebärmutter und deinem Geist.

- Wieder fühlst du die Resonanz zwischen deinem Geist und deiner Gebärmutter.
- Verweile ein wenig und spüre die Verbindung zu deinem Gebärmutterbaum.
- (Pause)
- Wenn du bereit bist zu gehen, erlaube es dem warmen Nebel, die Lichtung erneut zu bedecken, und werde dir langsam wieder deines Körpers bewusst.
- Atme tief ein und aus, öffne die Augen und werde dir des Gebärmutterbaumes in deinem Unterbauch gewahr.

Aus dem Bild des Gebärmutterbaumes und der Meditation »Der magische Schoßraum« in Kapitel 2 entstanden mit den Jahren etliche weitere Meditationen. Diese Energiearbeit, die Inspiration und die Erfahrungen führten schließlich zur aktuellen Womb-Blessing-Meditation. Sie ist eine Meditation der Liebe, des Sichverbindens, der Verwirklichung und Freude – eine Möglichkeit, uns den einzigartigen Energien des Göttlich-Weiblichen zu öffnen und zu sagen: **»Ich bin bereit für deine Energie und deine Anwesenheit in meinem Leben.«**

Die Womb-Blessing-Meditation kann jederzeit als persönliche Meditation dienen, aber ihre besondere Rolle spielt sie bei der Gebärmuttersegnung: **Mit dieser Methode öffnen sich Frauen dem Göttlich-Weiblichen, um die Segnungseinstimmung zu empfangen.** Das Womb Blessing ist wie ein Geschenk, das wir mithilfe der Meditation erhalten und auspacken, um die Transformation unseres Körpers und unseres Lebens anzunehmen.

Die Gebärmuttersegnung besteht immer aus zwei Abschnitten:

- der **Womb-Blessing-Meditation**, die uns über die Energiestruktur unseres Körpers mit dem Göttlich-Weiblichen verbindet und uns für den Segen öffnet
- dem Transfer einer besonderen energetischen Schwingung von Göttlich-Weiblicher Liebe und Licht mithilfe der Segnungseinstimmungstechnik

Bei allen Segnungseinstimmungen, ob weltweit oder einzeln von einer Moon Mother, wird die Meditation **exakt im Wortlaut** gelesen. Unabhängig von der jeweiligen Sprache verwenden alle Frauen weltweit dieselbe Womb-Blessing-Meditation, um sich mit dem Göttlich-Weiblichen zu verbinden und Ihre

Energie zu empfangen. Je mehr Frauen die Meditation nutzen, desto weiter breiten sich die Schwingungen der Worte in der Welt aus.

Geerdet: Die Wurzeln des Gebärmutterbaumes

Die Womb-Blessing-Meditation ist mehr als eine einfache Visualisierung – ihr liegt eine tiefgreifende spirituelle Erfahrung der weiblichen Energiestruktur zugrunde.

Die meisten spirituellen Wege, Religionen und Philosophien sind stark von männlichen Gedanken und Erfahrungen geprägt. Sie sind meist »transzendental« und bieten einen Fluchtweg aus der materiellen in die spirituelle Welt, ins Licht oder in höhere nicht materialistische Seinsformen. Die Methoden, dies zu erreichen, basieren oft auf den Erfahrungen von Männern, werden aber generalisiert als Weg für Männer und Frauen angepriesen.

Für viele Frauen ist der transzendentale Weg nicht der natürliche Zugang zur Spiritualität. Die Essenz unserer Spiritualität ist, dass wir von dieser Erde sind und das Licht bringen. Für uns ist die physische Welt die Verkörperung des Göttlichen und somit von Natur aus heilig. Unser natürlicher spiritueller Weg ist, die Göttin in der physischen Welt um uns herum und in unserem Körper zu umarmen und uns Ihrem Geist oder Licht zu öffnen, um es in die Welt zu bringen. Unser Weg ist nicht, die Welt abzulehnen oder ihr zu entfliehen – sondern die Welt zu lieben und zu akzeptieren und sie zu umarmen.

Unser spiritueller Weg ist nicht, der Welt zu entfliehen,
sondern sie zu umarmen.

Als Bringerin des Lichts – als bewusstes Gefäß für die Göttlich-Weiblichen Energien – müssen wir uns mit den Verkörperungen und den Energien des Göttlich-Weiblichen verbinden. In der Gebärmutterbaummeditation tun wir dies, indem wir uns vorstellen, dass »Wurzeln« von unserer Gebärmutter und dem Energiezentrum im Schoß tief hinab in die Erde wachsen. Die Wurzeln entspringen unserer Gebärmutter und wachsen zwischen unseren Schenkeln und unseren Beinen entlang in die Erde.

Nimm die etwas Zeit für diese Übung:

- Schließe die Augen und atme tief ein und aus.
- Richte deine Aufmerksamkeit auf dein Schoßzentrum. Siehe, wisse, fühle oder stelle dir vor, dass deine Gebärmutter wie ein Baum mit zwei Hauptästen ist, mit wunderschönen Blättern und roten juwelenartigen Früchten an den Enden.
- Spüre oder stelle dir vor, wie die Wurzeln tief hinab in der Dunkelheit der Erde wachsen. Sie verbinden dich mit der Erde, verankern dich und ermöglichen dir, goldene Energie in deiner Gebärmutter zu empfangen.
- Entspanne dich und verweile bei diesem Bild oder der Absicht.
- Nimm wahr, wie du dich fühlst.

Wenn wir bewusst die Wurzeln unseres Gebärmutterbaumes wachsen lassen, um uns mit der Erdmutter zu verbinden, passiert etwas Wunderbares. Die Erdmutter antwortet auf unsere Aufmerksamkeit und lässt ihre Energien durch die Wurzeln unseres Gebärmutterbaumes in unser Schoßzentrum fließen. Das passiert ganz automatisch, ob wir uns dessen bewusst sind oder nicht. Es ist die Energie der Kraft und des Lebens, der Sinnlichkeit und der Verbundenheit mit der äußeren Welt – sie ist Ganzheit und Vollständigkeit. Sie energetisiert unser Schoßzentrum und ruft unsere weibliche Seele zu uns zurück.

Wie fühlst du dich jetzt, während du entspannt dasitzt und über dein Schoßzentrum mit der Gebärmutter der Erdmutter verbunden bist?

Es passiert noch etwas anderes, wenn wir mit der Erdmutter verbunden sind: Ihre Energie füllt nicht nur unsere Gebärmutter, sondern fließt aufwärts und öffnet und füllt unser Energiezentrum des Herzens. Von dort fließt sie in unsere Brüste, die Arme hinab und in unsere Hände. Ob du ihn spürst oder nicht, dieser Energiefluss ist da.

Bei der Womb-Blessing-Meditation folgen wir diesem Energiefluss, indem wir uns vorstellen oder wünschen, dass der Gebärmutterbaum nach oben bis zu unserem Herzen wächst.

- Erlaube dem Gebärmutterbaum nun zu wachsen, bis er sich auf Höhe deines Herzens verzweigt.
- Während du dich mit diesem Bild verbindest, siehe oder fühle, wie sich dein Herzzentrum öffnet und die Energie die Arme hinab und in deine Hände fließt.
- Wie fühlt sich das an?

Mit diesem ersten Teil der Meditation können wir uns morgens erden und uns in unseren weiblichen Energien verankern. Dann fühlen wir uns stark und zentriert und können voller Kraft und Liebe in die Welt hinaustreten. Wenn das Schoßzentrum mit der Erde verbunden und energetisiert ist, können wir die zyklischen Veränderungen erkennen, die unser Leben und uns selbst ausmachen, und können uns diesem Wandel mit Anmut und Vertrauen hingeben.

Den Mond halten: Die Äste des Gebärmutterbaumes

Im zweiten Teil der Meditation bleiben wir auf der Höhe des Herzens. Wir könnten hoch zum Mond reisen – aber der Weg aufwärts zum Licht ist der männliche transzendentale Weg. Stattdessen öffnen wir uns dem Mondlicht und erlauben, dass es in uns und durch uns in die Welt fließt. Dies ist der weibliche Weg – in der Anwesenheit des Göttlichen sein, in diesem Moment und in der Welt. **Es ist der Weg, der »Mond auf Erden« zu sein.**

- Bleibe mit deiner Achtsamkeit bei deinem Herzen und schaue auf. Die Äste wachsen weiter nach oben, um den Vollmond über deinem Kopf zu wiegen. Der Vollmond badet dich in reinem silbrig weißem Licht, das durch deine Aura hindurch über deine Haut fließt.
- (Pause)
- Öffne dich, um das Licht des Mondes zu empfangen. Erlaube dem Licht, an deinem Scheitel in dich hineinzufließen und dein Gehirn zu füllen.
- Entspanne dich und lasse das Licht in dein Herz eintreten.
- Entspanne dich weiter, öffne deine Gebärmutter für diese Energie und empfange den Segen.

Wenn das Visualisieren dir schwerfällt oder du körperlich nichts spürst, bedeutet das nicht, dass die Energie nicht fließt – das Göttlich-Weibliche wird auf deine Absicht reagieren. Vielleicht spürst du den Energiefluss auf andere Art und Weise, etwa als Gefühl von Friede, Liebe oder Ruhe.

In der Gebärmutterbaummeditation verbinden wir uns mit der Erdmutter, um Kraft zu erlangen, um stark zu sein in unserem Körper, unserer Weiblichkeit und unserer Heiligkeit, um ein Bewusstsein dafür zu entwickeln, wer wir sind. Wenn wir in unseren weiblichen Energien zentriert sind, können wir uns ohne Angst oder Einschränkung öffnen, damit das Göttlich-Weibliche uns füllt. Es ist schön, die vollständige Meditation am Abend zu machen.

- Um die Meditation zu beenden, ziehe deinen Gebärmutterbaum wieder hinab in deinen unteren Bauch und sei dir seiner Wurzeln in der Erde bewusst.

Seelen-Teilen-Meditation: Die Liebe und das Licht des Göttlich-Weiblichen teilen

Wenn sich unser Herz öffnet, dann wollen wir teilen.

Die zweite Meditation beim weltweiten Womb Blessing wird **Sharing Meditation** oder Seelen-Teilen-Meditation genannt. Sie folgt der Segnungseinstimmung. Während der weltweiten Gebärmuttersegnung entsteht ein energetisches Netzwerk, das die Schöße, die Herzen und das Bewusstsein aller teilnehmenden Frauen miteinander verbindet. Wir werden zu einem kraftvollen Netzwerk weiblicher Energie und Göttlichkeit. Es kann eine wunderbare Erfahrung sein zu spüren, dass wir mit so vielen Frauen verbunden sind, die uns die Liebe und das Licht des Göttlich-Weiblichen schicken – selbst wenn wir körperlich allein sind, wissen wir, dass wir energetisch und emotional Teil einer weltweiten weiblichen Familie sind.

Die Seelen-Teilen-Meditation ist auch darauf ausgerichtet, die Göttlich-Weibliche Energie in die Welt zu senden und in dem Land zu verankern, in dem wir leben. Wenn die Schwingungen der Göttlichen Weiblichkeit das Land erwecken, dann wird alles, was dort lebt, von Ihren liebenden Armen umfasst. Und wenn Liebe ein Teil der Schwingungen der Lebewesen wird, wird sich ihr Leben verändern.

Auch die Meditation kann täglich gemacht werden. Sie bietet die Möglichkeit, Frauen in ihrer Erweckung und Heilung zu unterstützen, indem wir die Liebe und wunderbare Anwesenheit des Göttlich-Weiblichen miteinander teilen. Allerdings wirkt die Seelen-Teilen-Meditation im Rahmen einer weltweiten Gebärmuttersegnung kraftvoller, da sie so viele Frauen gleichzeitig praktizieren.

- Sei dir des Vollmonds über deinem Kopf bewusst und erlaube ihm, dich in seiner Energie und seinem Licht zu baden. Spüre, wie das Licht deinen Kopf und dein Herz füllt und deine Arme hinab in deine Hände und Finger fließt.
- (Pause)
- Erlaube der Energie, vom Herzen und von den Händen in die Welt zu fließen.
- (Pause)
- Spüre, wie sie in andere Länder fließt und die Schwingungen hin zu einer Schwingung des Göttlich-Weiblichen verändert.

- Spüre, wie sie die ganze Welt heilt, liebt, beruhigt und nährt.
- (Pause)
- Fühle die Anwesenheit aller Frauen weltweit, die sich in diesem Moment mit der Energie verbinden. Sende sie ihnen zu und empfange sie von ihnen – in Liebe, Gemeinschaft und Verbundenheit.
- (Pause)
- Erlaube nun der Energie des Mondes über dir, von deinem Kopf zum Herzen, in die Gebärmutter und in die Erde unter dir zu fließen.
- Lass die Energie das Göttliche der Erde und das Göttlich-Weibliche auf der Erde erwecken und heilen.
- (Pause)
- Lenke deine Aufmerksamkeit zurück auf deinen Körper.
- Spüre dein Gewicht auf dem Stuhl oder Kissen und bewege sanft die Finger und Zehen. Atme tief ein und aus und öffne die Augen.

Die Vollmondmeditation der Moon Mothers

Eine tibetische Klangschale schlägt man an, damit ein Ton erklingt, und streicht dann den Rand entlang, um den Ton aufrechtzuerhalten. Bei der weltweiten Gebärmuttersegnung ist es ähnlich: Wir schlagen die Schale an und generieren eine Schwingung des Göttlich-Weiblichen in der Welt (die Gebärmuttersegnungsenergie). Die **Vollmondmeditation der Moon Mothers** findet an den Vollmonden zwischen den weltweiten Events statt, um die Schwingung der Göttlich-Weiblichen Energie in der Welt aufrechtzuerhalten.

An den drei Tagen des Vollmondes senden Moon Mothers als Teil ihres Dienstes an Frauen die Gebärmuttersegnungsenergie des Göttlich-Weiblichen an alle Frauen weltweit. Sie senden die Energie an alle Aspekte des Weiblichen, an das Land und an alle Frauen, die leiden. Diese Energieübertragung wirkt nicht transformierend, sondern soll Liebe und Heilung bringen.

Auch wenn nur Moon Mothers die Energie tatsächlich übertragen können, kann jede Frau die Meditation praktizieren, um sich an Vollmond bzw. am Tag davor oder danach mit der Energie des Göttlich-Weiblichen zu verbinden.

Übung
Die Energie des Mondes von den Moon Mothers erhalten

Du kannst das Geschenk der Göttlich-Weiblichen Energie von den Moon Mothers **an den drei Tagen des Vollmondes** erhalten, und zwar so oft du willst und zu jeder Tageszeit. Die drei Tage sind der Tag des Vollmondes sowie der Tag davor und der Tag danach.

Wenn du magst, kannst du Musik hören, Parfum oder einen Duft benutzen, den du speziell mit dem Vollmond assoziierst.

- Nimm deine beiden Gebärmutterschalen und setze dich entspannt hin. Zünde eine Kerze an und stelle sie in die eine Schale, die andere fülle mit Wasser.
- Lege dir einen Schal um die Schultern, damit um dich herum ein geheiligter Raum entsteht und du dich besser konzentrieren kannst.
- Lies oder höre die Womb-Blessing-Meditation.
- Entspanne dich und öffne dich der wunderbaren Göttlich-Weiblichen Energie, die in der Welt schwingt.
- Wenn du bereit bist, die Meditation zu beenden, atme tief ein und aus, bewege die Finger und Zehen und öffne die Augen.

Schicke dem Göttlich-Weiblichen und den Moon Mothers deine Dankbarkeit dafür, dass sie dir die Energie übertragen haben. Trinke das Wasser aus deiner Schale und iss etwas Leckeres.

Kapitel 7: Die Archetypen und die Gebärmuttersegnung

Zunächst fühlte sich die Erste Frau gut, weil sie ihre Kräfte dem Fuchs gegeben hatte. Sie fühlte sich ausgeglichen, stabil und vorhersagbar. Die Stimmen der Ersten Tiere hörte sie nicht mehr und wenn sie kochte oder putzte, traf sie auch Erdmutter nicht mehr. Weder besuchte sie die Tierclans, noch sprach sie mit der Mondmutter.

Nach einigen Monaten bewegte sich die leere Schale schmerzhaft in ihrer Gebärmutter und rief nach der Mondmutter. Verärgert band sich die Erste Frau ein Tuch fest um Bauch und Hüften, um die Rufe nicht mehr hören zu müssen. Nach einer Weile blieb es still.

Da wusste die Erste Frau, dass sie verloren war. Die Rufe waren ihre letzte Orientierung, um heimzukehren.

Den Pfad der weiblichen Entwicklung gehen

Die Göttlich-Weibliche Energie, die wir bei einer Segnungseinstimmung empfangen, setzt einen Prozess in Gang. Dabei werden tiefere Aspekte der weiblichen Archetypen aktiviert, sodass wir uns besser mit deren Energien verbinden können.

Während wir nach dem Womb Blessing durch die vier Phasen unseres Menstruationszyklus reisen, wird die Segnungsenergie uns weiter heilen und Aspekte unserer wahren Natur hervorbringen. Denn die Energie verbindet sich mit den Archetypen, die mit den Zyklusphasen assoziiert sind. Wenn wir keinen Menstruationszyklus haben, verbindet sich die Segnungsenergie mit den Archetypen, die mit den Mondphasen assoziiert sind. In beiden Fällen fließt die Energie der Archetypen in unser Leben, damit wir sie akzeptieren, lieben und – wichtiger noch – ausdrücken können.

Die Gebärmuttersegnung empfangen wir nicht einmal und sind danach

»repariert«. Es ist vielmehr ein Weg der Transformation, des Wachstums und der Heilung. Jede Segnungseinstimmung entfernt eine Lage von Schmutz, unter der unsere authentische Weiblichkeit versteckt liegt. **Aber: Es genügt nicht, die Archetypen zu reaktivieren – wir müssen sie auch leben.** Sonst werden ihre Farben wieder verblassen und wir verlieren erneut den Kontakt zu unserem wahren Ich.

Wenn wir gegen unseren Körper und gegen unseren Zyklus ankämpfen, indem wir unsere zyklischen Energien ignorieren, dann wehren wir uns auch gegen das Erwachen und die Heilung, die die Segnungen bringen. Dann kehren wir vielleicht zurück zu früheren Gefühlen des Getrenntseins, des Verlusts und der Unvollständigkeit. Der weibliche Weg bedeutet nicht, nach hohen Idealen zu streben, sondern das Licht und die Liebe des Göttlich-Weiblichen in unsere Welt zurückzubringen, damit alle Alltagstätigkeiten heilig werden.

Damit wir den inneren Widerstand überwinden und die vier Archetypen annehmen können, müssen wir die Energien in uns nähren und in Harmonie mit ihnen leben.

Die Segnungen sind wie ein Rosenstrauch,
den wir pflanzen und pflegen. Mit jeder Segnung
bildet der Strauch tiefere Wurzeln und wächst
höher ins Licht. Pflegen wir ihn, damit er in Einklang
mit den Jahreszeiten lebt, wunderbare Blüten
hervorbringt, gesunde Blätter und Dornen bildet und
sich schließlich mit roten Früchten schmückt.

Unser eigenes Wachstum können wir aktiv unterstützen, indem wir so gut wie möglich in Einklang mit den archetypischen Energien und unserer zyklischen Natur oder dem Mondzyklus leben.

Was sind die Archetypen? Unsere authentische Weiblichkeit

Jede Frau vereint die vier universellen Aspekte der Göttlich-Weiblichen Energie, also die vier Archetypen, in ihrem Schoßzentrum. Die Energie der Archetypen hat ihren Ursprung in unserer weiblichen Seele im Schoßzentrum. Sie fließt in Einklang mit den Phasen des Menstruationszyklus. Auf diese Weise können wir die universellen Rhythmen des Göttlich-Weiblichen persönlich erfahren.

Unsere authentische Weiblichkeit mit ihren vier Energien, vier Archetypen und den vier Ebenen der Wahrnehmung will sich ausdrücken – unser Körper, die Zellen, unser Instinkt und unsere Seele rufen danach.

Wenn das Womb Blessing Aspekte dieser Archetypen in uns aktiviert und ihre Energien freisetzt, sodass wir uns ihrer bewusst werden, **dann wollen wir mehr über sie wissen.** Wir sollten wissen, woran wir ihre Anwesenheit und ihre Energien erkennen, was sie brauchen und wie wir in Harmonie mit ihnen leben können. **Indem wir die archetypischen Energien anerkennen und erforschen, unterstützen wir jede Gebärmuttersegnung und ebnen unseren Weg des Wandels und Erwachens.**

Modernes Leben: Kein Platz für Archetypen!

Seit Tausenden Jahren werden die Archetypen unterdrückt oder ignoriert. Da nimmt es wenig Wunder, dass Frauen sich heute verloren fühlen und versuchen, sich selbst zu verstehen und den wahren Platz der Weiblichkeit in der Welt zu finden.

Aber es ist nicht Unwissenheit, die Frauen daran hindert, ihre weiblichen Energien anzunehmen. Viele Frauen sind selbst dann nicht in der Lage, in das Konzept hineinzuspüren und die Archetypen in ihr Leben zu integrieren, wenn sie die nötigen Informationen darüber erhalten haben. Gerade weil sie von ihrem Körper und ihrer Weiblichkeit entkoppelt leben, ist es ihnen unmöglich, ihre authentische Weiblichkeit zu erkennen. »Lieber sterbe ich jung, als dass ich alt werden« und »Ich hasse meinen Menstruationszyklus, gib mir eine Tablette, mit der ich ihn anhalten kann« – solche Haltungen sind Symptome für dieses Getrenntsein und unsere Gesellschaft hat ihren Anteil daran.

Auch die große positive Antwort auf das weltweite Womb Blessing ist ein Symptom dafür. Dass so viele Frauen aus so vielen Ländern und Kulturen darauf reagieren, zeigt, dass sie alle Weiblichkeit in ihrem Leben vermissen. Und es zeigt den Wunsch, andere Erfahrungen zu sammeln und frei zu sein, die eigene Weiblichkeit auszuleben.

Vielleicht haben wir auch das Gefühl, schon gut mit unseren weiblichen Energien verbunden zu sein. Dann können Druck und Stress, die durch unser männlich geprägtes Leben entstehen, uns dennoch von der Kraft und Weisheit trennen, die unsere sich wandelnde Natur uns bietet. Stress und Angst können unser Bewusstsein umnebeln und Urängste schüren, die es uns schwermachen, die subtilen Veränderungen in unseren Energien und unserem Bewusstsein wahrzunehmen.

Es kann eine Herausforderung sein, die Veränderungen unserer Kreativität und Intuition zu erkennen. Auch die Schönheit der Göttlichen Weiblichkeit und die interaktive Beziehung mit Ihr sind manchmal schwer zu spüren. Hier hilft die Gebärmuttersegnung, denn sie bringt uns zu uns selbst zurück. Sie erinnert uns daran, dass wir in Sicherheit sind, dass wir uns öffnen und fließen können, weiblich sein dürfen. Sie erinnert uns:

> Kraft liegt nicht in dem, was die Gesellschaft von uns will oder uns lehrt. Kraft liegt in unserem Schoßzentrum, unserem Herzen, in unseren Zyklusphasen und in unserer Verbindung mit dem Göttlich-Weiblichen.

Wenn wir die vier Archetypen in unserem Zyklus erkennen, dann wissen wir, dass Weiblichkeit keine guten und schlechten Seiten hat, sondern »aktive« und »empfängliche« Energien besitzt. Wir entdecken, dass wir einige Aspekte unserer weiblichen Archetypen absichtlich unterdrücken, während wir uns mit anderen zu sehr identifizieren. Wir erkennen, dass wir mehr sind als ein oder zwei dieser Aspekte, dass stattdessen eine wunderbare Mischung aller vier Archetypen in unserem Zyklus wie Ebbe und Flut kommen und gehen.

Leider lehnt die Welt »zyklische Frauen« und die Geschenke des Menstruationszyklus ab. Aber:

> Wenn wir in kleinen Schritten unser Leben mehr und mehr in Einklang mit den Archetypen bringen, werden wir Freude, Wohlbefinden, Vollendung und Erfüllen erfahren. Denn dann drücken wir unser wahres Ich aus.

Die Archetypen treffen: Schau in den Spiegel

In meinem Buch *Roter Mond* erläutere ich das Konzept der Archetypen. Es entstand auf der Grundlage häufiger Erfahrungen von Frauen und auf Brauchtum und Mythologien, in denen jahrhundertelang die alte Weisheit von Frauen weitergegeben wurde. Diese Geschichten offenbaren die Natur der Zyklischen Göttin.

Die Zyklische Göttin ist der Kreis der Sterne am Himmel. Sie ist der Zyklus der Jahreszeiten und von Ebbe und Flut, der Mondzyklus und der Zyklus des Lebens – und Sie ist der Zyklus von Frauen. Wir begegnen Ihr in den Geschichten von Frauen, die sich veränderten, die von der Alten Frau zur schönen Jungen Frau wurden oder von der verfluchten Jungen Frau zur hässlichen Alten. Auch in Geschichten von Frauen, die die Gestalt von Tieren annehmen können, finden wir Sie – Tieren, die die Kräfte der verschiedenen Phasen der Weiblichkeit repräsentieren. Viele dieser Geschichten wurden über die Jahrhunderte verändert. Aber wenn wir sie aus dem Blickwinkel einer »Zyklischen Frau« lesen, offenbart sich uns darin die Zyklische Göttin in Form der vier Archetypen: **Junge Frau, Mutter, Zauberin und Alte Frau.**

Die **Junge Frau** ist das junge, dynamische Mädchen. Sie ist unabhängig, begehrenswert, »rein« im Sinne einer authentischen Natur und von anderen unbeeinflusst.

Du trägst das Licht des Göttlich-Weiblichen in dir.
Was immer geschehen mag oder schon geschehen ist,
du besitzt Ihre Reinheit. Handele heute im Gewahrsein
deines Lichts, deiner Schönheit und Anmut.

Die **Mutter** ist die »Gute Mutter«, die fruchtbare Frau. Selbstlos sorgt sie für andere, gibt ihnen ihre Liebe, nährt und pflegt sie.

Auf dem Pfad der Mutterenergien gehen wir aufrecht
und sind eng mit der Erde verbunden, mit einem
erfüllten Schoß, offenen Armen und offenem Herzen.
Das Göttlich-Weibliche zu verkörpern bedeutet,
sich um die Welt zu kümmern.

Die **Zauberin** ist die reife Frau. Sie ist stark, sexuell aktiv, magisch, wild und unabhängig. Auch als »Dunkle Hexe« oder magisches Wesen kann sie erscheinen. Sie spiegelt die Energien einer Frau in den Wechseljahren wider.

Du hast die Erlaubnis der Göttlichen Weiblichkeit,
leidenschaftlich und wild zu sein und dich von deinen
Instinkten leiten zu lassen! Dazu hat Sie dich gemacht.
Wenn du diesen Aspekt von dir liebst, dann brauchst du
nicht mehr gegen eine Welt anzukämpfen, die etwas
anderes von dir will.

Die **Alte Frau** ist die einsame Alte, die »hässliche« Hexe, die alte Weise und die alte Großmutter. Als magische alte Frau blickt sie nach innen, fort vom Alltagsleben und der Gesellschaft. Still steht sie am Tor zwischen zwei Welten.

Versuche, mit den Fingerspitzen die Sterne zu berühren.
Spüre den Rhythmus des Lebens. Fühle die Liebe, die in
allem liegt. Du bist eins mit dem Göttlich-Weiblichen.

Alle vier Zitate stammen aus »Spiritual Messages for Women« von Miranda Gray.

Eine weibliche Reise: Die Energien des Zyklus verstehen

Indem wir Monat für Monat unseren Zyklus erleben, drücken wir die wunderbaren Energien aller vier Archetypen aus. Zwischen den einzelnen Phasen gibt es keine festen Grenzen. So wie Ebbe und Flut oder die vier Jahreszeiten gehen auch Zyklusphasen fließend ineinander über und die Veränderungen vollziehen sich graduell.

Die Phasen der Archetypen sind nicht rein biologisch. Auch wenn sie mit den hormonellen Veränderungen korrespondieren, basieren sie eher auf persönlicher Erfahrung. Ob lang oder kurz, regelmäßig oder unregelmäßig, ruhig oder störend, so wie unser Zyklus gerade verläuft, ist er für uns in diesem Moment richtig. Der Zyklus variiert von Frau zu Frau, von Monat zu Monat und auch die Anzahl Tage pro Phase kann unterschiedlich sein. Aber für einen ersten Schritt hin zu einem besseren Verständnis unserer einzigartigen Weiblichkeit sind die folgenden Verallgemeinerungen hilfreich.

Als Zyklustag 1 gilt der erste Tag der Menstruation. Nach der Menstruationsphase beginnt die Phase vor dem Eisprung, etwa von Tag 7 bis 13. In dieser

Zeit bringen wir auf natürliche Weise die Energien des Archetyps der **Jungen Frau** zum Ausdruck. Wir sehen die Welt durch ihre Augen. Zum Eisprung hin werden ihre Energien sanfter, bis wir zwischen dem 14. bis 20. Tag in die Phase der liebenden Mutter übergehen.

Nach dem Eisprung wandeln sich die Energien der **Mutter**, mal allmählich, mal dramatisch, in die Energien der **Zauberin**. Ihre Phase ist die prämenstruelle Zeit vom 21. Tag bis zur Menstruation.

Wenn schließlich das erste Blut erscheint, treten wir in die Phase der weisen **Alten** ein. Wir bleiben in der zurückgezogenen Energie dieses Archetyps, bis wir erneut wiedergeboren werden und die Welt der dynamischen jungfräulichen Energien zurückkehren.

Die angegebenen Tage sind nur eine Richtschnur. Es ist wichtig, dass du auf deinen Körper und deine Gefühle hörst. Sie sagen dir, wann du von einem Archetyp zum nächsten reist. Bei einigen Frauen erscheinen die Energien der Alten Frau ein paar Tage vor der Menstruation, bei manchen erst, nachdem die Blutung eingesetzt hat. Einige Frauen erleben »Übergangstage« mit den Energien, Bedürfnissen und Geschenken beider Phasen, jener, die sie verlassen, und jener, in die sie eintreten.

Jeder Archetyp beeinflusst unser Denken, Fühlen und Handeln und ist ein wichtiger und kraftvoller Aspekt unserer Weiblichkeit. Jeder Archetyp bietet uns erstaunliche Energien und Möglichkeiten, die Welt um uns herum zu erschaffen und das Göttlich-Weibliche auszudrücken. Ob wir uns dessen bewusst sind oder nicht, die Archetypen **verändern uns**.

Übung
Sieh in den Spiegel – die vier Archetypen in dir

Frauen sind wie der Mond – wir verändern uns jeden Tag ein bisschen. Wenn wir einen Tag mit dem nächsten vergleichen, erkennen wir das nicht. Aber von einer Woche zur nächsten werden die Veränderungen im Gesicht des Mondes und an uns selbst sichtbar.

- Setze dich entspannt hin.
- Stelle dir vor, dass vier Frauen vor dir stehen.
- Eine ist jung und schön, sie steckt voller Energie, Ziele und Träume.
- Eine ist etwas älter, sanft und fürsorglich und voller selbstloser Liebe.
- Eine ist reif. Sie besitzt magische Kraft, dynamische Energie und anregende Kreativität.
- Eine ist alt, weise und ruhig. Sie sieht dich mit tief empfundener Liebe an.
- Stelle dir nun vor, dass diese Frauen alle gleich aussehen.
- Stelle dir vor, dass alle vier Frauen wie du aussehen.
- Du hast dich selbst gefunden.
- Das bist du jetzt, das bist du, wie du letzte Woche aussahst, wie du nächste Woche aussehen wirst und die Woche darauf.
- Bleibe in diesem Gewahrsein.
- Wenn du bereit bist, die Übung zu beenden, nimm einen tiefen Atemzug und öffne die Augen.

Es verwundert nicht, dass Frauen verwirrt sind. Uns wird gesagt, dass wir eine einzige Frau sind, dabei sind wir in Wahrheit mindestens vier verschiedene Frauen mit verschiedenen Energien, Bedürfnissen, Fähigkeiten und Blickwinkeln.

Es verwundert auch nicht, dass Männer verwirrt sind. Sie glauben, sie hätten nur eine Frau an ihrer Seite!

Mit den weltweiten Gebärmuttersegnungen die Archetypen heilen

Indem die weltweiten Segnungseinstimmungen den Energielevel anheben, lösen sie auch Blockaden oder Einschränkungen der Archetypen. Dies führt zu einem **kollektiven Erwachen** der schlafenden oder unterdrückenden Aspekte der vier weiblichen archetypischen Energien. Der Prozess beginnt mit der Segnungseinstimmung und wirkt sich im folgenden Monat auf jeden der vier Archetypen aus.

Die Segnung stellt unsere Verbindung zu den Energien der Archetypen wieder her, die durch das moderne Leben häufig unterbrochen ist. Tatsächlich tanken wir jede Energie, die durch unser heutiges Leben erschöpft ist, wieder auf. Die Segnung stellt bei unseren Archetypen das Gleichgewicht wieder her, sodass wir wieder in Harmonie mit unserem Zyklus und uns selbst leben.

Darüber hinaus fokussiert jedes weltweite Womb Blessing auf die Heilung der Muster und Energien eines bestimmten Archetyps. Dies wird von der Jahreszeit bestimmt, zu der die Segnung stattfindet. Wie der Mond wandelt sich auch die Erde in den vier Phasen, die von der Neigung der Erdachse zur Sonne abhängen. Und jede ihrer vier Phasen ist mit der Energie eines Archetyps assoziiert.

Während der Segnung bauen wir über unsere Gebärmutter eine starke Verbindung zur Erde auf. Wir treten mit unserer Gebärmutter in Resonanz mit ihren Energien, um die ursprünglichen Muster und Schwingungen der Archetypen in unserem Schoßzentrum wieder zu etablieren. Dann fließt Energie hinauf in unsere Gebärmutter, die uns heilt, damit wir diesen Archetyp in der Welt, in unserem Körper und unserem Zyklus ausdrücken können.

Heilung der Archetypen und Gebärmuttersegnungen im Jahresverlauf

Archetyp	Assoziierte Jahreszeit	Weltweite Gebärmuttersegnung	Aspekte der Heilung des Archetyps
Junge Frau	Frühling: länger werdende Tage	Beginn der Frühlingsenergien	**Wahrnehmung der Welt** Gedanken, Verhalten, Ego, Aktivitäten, Selbstbewusstsein, Optimismus, Selbstglaube, Selbstwertgefühl, sexuelle Lust und persönliches Wachstum Phase vor dem Eisprung
Mutter	Sommer: lange Tage	Beginn der Sommerenergien	**Verbindung mit der Welt** Gefühle, seelische Stärke, Liebe, Mitgefühl, Sachlichkeit, das Herz sprechen lassen, Verbindung, Beziehungen, Sexualität und Fruchtbarkeit Phase des Eisprungs

Archetyp	**Assoziierte Jahreszeit**	**Weltweite Gebärmuttersegnung**	**Aspekte der Heilung des Archetyps**
Zauberin	Herbst: kürzer werdende Tage	Beginn der Herbstenergien	**Die eigene Kraft in der Welt** Unterbewusstsein, Glaube, Erinnerung, Kreativität, sexuelle Blockaden, Einschränkungen und Hemmungen, Manifestation, Ego, Ängste, Überlebensmuster, Ahninnen Prämenstruelle Phase
Alte Frau	Winter: kurze Tage	Beginn der Winterenergien	**In der Welt sein** Seele, Loslassen, Vergeben, Spiritualität, Intuition, spiritueller Sex, innere Weisheit, Seelenzweck Phase der Menstruation
Universum		Wintersonnenwende (Nordhalbkugel) bzw. Sommersonnenwende (Südhalbkugel)	**Einssein mit allem** Vollendung, Zentriertheit, Ruhe, innerer Friede, Gleichgewicht, Harmonie Gesamter Menstruationszyklus

Es gibt zusätzliche Meditationen, die auf die einzelnen Archetypen und die Heilung der spezifischen Energien fokussieren. **Mit ihrer Hilfe können wir mit den archetypischen Energien interagieren und die Heilung intensivieren.** Wenn wir dem Jahresverlauf der weltweiten Gebärmuttersegnungen folgen, erleben wir die archetypischen Energien im Einklang mit Mutter Erde, daher ist die Reihenfolge der Meditationen auf der Süd- und Nordhalbkugel entgegengesetzt. Frauen, die nahe des Äquators leben, können sich frei entscheiden, welchem Jahreszyklus der Meditationen sie folgen möchten.

Die Archetypenmeditationen und die zugehörigen weltweiten Womb Blessings

Weltweites Womb Blessing	Meditation	Beschreibung
Beginn der Frühlingsenergien	Erneuerung der Gebärmutter/ des Schoßes	Reinigung und Befreiung von alten Mustern, die wir in unserer Weiblichkeit und unserer Gebärmutter festhalten
Beginn der Sommerenergien	Sexualität annehmen	Die Schönheit, Sinnlichkeit und Sexualität unserer Weiblichkeit unabhängig von unserem Alter annehmen
Beginn der Herbstenergien	Fülle erschaffen	Unseren natürlichen Reichtum und weibliche Kreativität befreien, um Träume zu leben
Beginn der Winterenergien	Die mütterlichen Ahninnen heilen	Unsere weibliche Erblinie heilen; wenn wir die Vergangenheit heilen, heilen wir auch die Gegenwart und Zukunft
Wintersonnenwende	Kreis der Schwestern	Sich mit allen Frauen der Womb-Blessing-Familie verbinden und der Welt und uns Heilung bringen

Diese Meditationen sind allen Frauen zugänglich, ob mit oder ohne körperlichen Zyklus. Nach der Anmeldung zur weltweiten Gebärmuttersegnung stehen alle Texte und Anleitungen für weitere Meditationen im Internet zur Verfügung.

Die Archetypenmeditationen können in den entsprechenden Phasen des Mondzyklus oder des Menstruationszyklus praktiziert werden.

Meditation der Jungen Frau im Frühling: Erneuerung der Gebärmutter

Nordhalbkugel: Segnung im Februar
Südhalbkugel: Segnung im August

Diese Archetypenmeditation zu Beginn des Frühlings bringt sanfte Reinigung und Erneuerung. Die Segnungsenergie arbeitet mit der Energie der Jungen Frau, damit wir alte Muster, Verletzungen und emotionales Gepäck vom Vorjahr loslassen können. Bei dieser zusätzlichen Meditation unterstützen wir die Heilung, indem wir uns darauf konzentrieren, alles loszulassen, was wir nicht mehr brauchen. Wir atmen Reinheit, Güte, Liebe und Frieden in unsere Gebärmutter und in die Welt. So werden wir gereinigt, geheilt und erneuert ins Jahr hineingeboren.

Mit jeder Gebärmuttersegnung im Frühling vertieft sich die Heilung des Aspekts der Jungen Frau. Gedanken und Annahmen über uns selbst werden geheilt, damit wir zu uns selbst zurückkehren können.

Muttermeditation im Sommer: Die Sexualität akzeptieren

Nordhalbkugel: Segnung im Mai
Südhalbkugel: Segnung im Oktober

Diese zusätzliche Meditation nutzen wir bei der Gebärmuttersegnung, die zu Beginn des Sommers stattfindet, um unsere Sinnlichkeit zu heilen und die Schönheit der heiligen Sexualität anzunehmen, die in uns allen liegt. Wenn die archetypischen Energien der Mutter wiederhergestellt sind und wir uns mit diesem Aspekt von uns verbinden, erkennen wir, wie schön und begehrenswert wir sind. Wir erkennen das Göttliche und den Wert unserer Kreativität – nicht nur als fruchtbare Mutter, sondern als kreative, sinnliche Frau, die Ideen hervorbringt und Liebe und Freude schafft.

Die Energie der Gebärmuttersegnung im Sommer arbeitet mit dem Archetyp der Mutter. Sie heilt jegliche einschränkende Muster und Ängste, die wir von unseren eigenen Müttern in Bezug auf unsere Sinnlichkeit, unseren Körper, unsere Sexualität und unsere Lust übernommen haben. Körperlich, mental und emotional heilt sie unsere Sexualität, damit wir unsere sexuelle Natur **in allen ihren Ausprägungen** als gut empfinden, als Spiegelung des Göttlich-Weiblichen. Mithilfe dieser Energie verstehen wir, dass alle Handlungen in liebender Leidenschaft die Gebete und Rituale des Göttlich-Weiblichen sind.

Zauberinnenmeditation im Herbst: Fülle erschaffen

Nordhalbkugel: Segnung im August
Südhalbkugel: Segnung im Februar

Bei der weltweiten Gebärmuttersegnung im Herbst arbeiten wir mit der Zauberinnenmeditation, um das Gefühl von Mangel aufzulösen und unsere inneren Bedürfnisse zu heilen. In einer Welt, in der wir von Dingen, die wir kaufen oder haben sollten, überflutet werden, entsteht schnell ein Gefühl des Mangels. Dieses Gefühl lässt unsere innere Zauberin so reagieren, als wären wir bedroht.

Diese Meditation besänftigt das Gefühl von Mangel und bringt uns zurück zu unserer authentisch weiblichen Kraft, Fülle zu erschaffen. Mit jeder Herbstsegnung heilen wir den Archetyp der Zauberin und gewinnen unsere Fähigkeit zurück, Dinge zu erschaffen und das Leben so zu gestalten, wie wir es uns wünschen. Wir erinnern uns, dass wir von Natur aus glücklich sind und dass alles, was wir aus der Liebe heraus tun, uns Ganzheit, Erfüllung und Liebe bringen wird.

Ahninnenmeditation im Winter: Die weibliche Erblinie heilen

Nordhalbkugel: Segnung im Oktober
Südhalbkugel: Segnung im Mai

Das weltweite Womb Blessing zu Beginn des Winters fokussiert auf die Heilung und Wiederherstellung der Energien der Alten Frau. Während dieser Archetyp heilt, kommen wir in Kontakt mit unserem inneren Frieden. Wir verbinden uns mit unserer inneren Weisheit und finden das Göttliche in der Zeit unserer Blutung wieder.

Diese Archetypenmeditation nutzen wir, damit die Segnungsenergien tiefere Heilung in unsere mütterliche Erblinie, in die Vergangenheit unserer Vorfahren und unsere kollektive Erinnerung zu bringen. Niemand existiert für sich isoliert – wir sind alle das Produkt tausender Generationen von Müttern, die uns in der fernen Vergangenheit verankern. Die Segnungsenergie fließt zurück über die Verbindung zwischen den mütterlichen Gebärmuttern in die Vergangenheit und heilt, reinigt und löst alles, was uns von unserem Erwachen abhält. Indem die Vergangenheit heilt, heilen auch wir und so werden auch Gegenwart und Zukunft Heilung erfahren.

Meditation des Einsseins: Kreis der Schwestern

Nordhalbkugel: Segnung im Dezember
Südhalbkugel: Segnung im Dezember

Das letzte weltweite Womb Blessing im Jahr findet zur Sonnenwende statt. Wir praktizieren die Meditation des Einsseins, um die Heilung unseres Bewusstseins auf der Seelenebene zu unterstützen und uns über unsere Gebärmutter und mithilfe der gemeinsamen weiblichen Erfahrungen mit allen Frauen zu verbinden. Die Segnung arbeitet mit dem Zentrum unseres Zyklus, dem Ort, an dem **alle vier Archetypen zu einem bewussten Wesen zusammenfließen. Und in diesem Wesen drückt sich das Universum in einer weiblichen Form aus.**

Mithilfe der Meditation des Einsseins fühlen wir, dass wir Teil einer großen Familie von Frauen sind, dass wir durch Liebe und durch das Göttlich-Weibliche in uns verbunden sind. So können wir jedes Jahr Gefühle der Einsamkeit und Entfremdung, Verwirrung und Angst heilen. Gleichzeitig gewinnen wir an liebender Kraft und stärken unser Gewahrsein dafür, dass alle Frauen unsere Schwestern sind.

An jeder weltweiten Gebärmuttersegnung und jeder Archetypenmeditation teilzunehmen, ist ein wunderbarer spiralförmiger Weg der Heilung und des Wachstums, des Erinnerns, der Erholung und Stärkung, der Liebe und der Entwicklung. Wir erleben, dass wir unsere Weiblichkeit lieben und alle ihre Aspekte zelebrieren können, dass unser Bewusstsein für unseren Zyklus wächst und wir mit den Zyklen des Göttlich-Weiblichen verbunden sind.

Einfluss der Zyklusphase auf die Gebärmuttersegnung

Die Schwingung der Göttlich-Weiblichen Energie, die wir bei einer Segnungseinstimmung erhalten, ändert sich nicht mit unseren Zyklusphasen. Die **Erfahrung**, die wir mit dem Womb Blessing machen, kann jedoch je nach Archetyp, den wir gerade verkörpern, variieren.

Phase der Jungen Frau

Wenn wir eine Gebärmuttersegnung in der Phase der Jungen Frau empfangen – ob weltweit oder persönlich durch eine Moon Mother – kann es sein, dass wir höhere Bewusstseinsebenen erreichen, einen universellen Blick auf das Leben, mehr Klarheit und Optimismus erleben. Und vielleicht werden wir inspiriert zu handeln. Nach der Segnung fühlen wir uns eventuell selbstsicherer, voller körperlicher Energie und wollen uns bewegen, rennen oder tanzen.

Phase der Mutter

Die Segnung in der Phase der Mutter zu erhalten, kann tief empfundene Liebe in uns wecken. Dann können wir den Stress der Welt loslassen, uns entspannen und uns mit der universellen Liebe verbinden. Nach der Segnungseinstimmung sind wir möglicherweise sehr gefühlvoll, liebevoll und wollen die Menschen umarmen oder berühren, um diese Liebe zu teilen.

Phase der Zauberin

In dieser Phase kann das Womb Blessing eine tiefgehende spirituelle Erfahrung sein. Manchmal fühlen wir uns intuitiver, finden inneres Wissen oder Inspiration und sind uns der Energie und des Wandels in uns bewusster. Wenn tief versteckte Gefühle an die Oberfläche gelangen und befreit werden, können wir auch sehr emotional werden.

Nach der Segnung fühlen sich manche Frauen inspiriert und dynamisch – sie wollen ihre wilde Seite befreien. Andere sind ruhig und still, während sie die Gefühle und spirituellen Erfahrungen, die sie gemacht haben, noch einmal durchleben.

Phase der Alten Frau

Auch in dieser Phase kann die Gebärmuttersegnung zu einer sehr tiefen und spirituellen Erfahrung werden. Sie kann Friede, Liebe und Anerkennung bringen und eine meditative Erfahrung des Einsseins. Vielleicht werden wir während der Segnung müde oder schlafen gar ein. Da das Gefühl des Einsseins nach der Segnung noch anhält, wollen wir weder sprechen, noch uns bewegen.

Das Schöne am weltweiten Womb Blessing ist, dass wir mit jeder Segnung andere Erfahrungen machen. Denn unsere persönliche energetische Entwicklung, der jeweilige Archetyp unseres Zyklus, der Archetyp von Mutter Erde und die Energie des Vollmonds wirken auf wunderbare Weise zusammen. Wir erhalten immer das, was wir bereit sind zu empfangen, und jedes Womb Blessing bringt uns etwas wahrhaft Wunderbares und Erstaunliches, ob wir uns zu dem Zeitpunkt bewusst sind oder nicht.

Mit jeder Segnung empfangen wir etwas Neues.

Kapitel 8: Die Archetypen annehmen

Um zwischen den Segnungen harmonischer mit den Archetypen unseres Zyklus zu leben, gilt es zu verstehen, wer sie sind und wie ihre Energien unser Leben beeinflussen.

Frühling und zunehmender Mond: Archetyp der Jungen Frau

Nachdem der letzte Schnee des Winters geschmolzen war und die ersten Triebe erschienen, traf die Frühlingsjungfrau die Erste Frau, die gerade ihre Decken im Fluss wusch. Die Frühlingsjungfrau hatte Pfeil und Bogen dabei, zwei Hunde standen neben ihr. Im Haar steckte eine weiße Blume – es war dieselbe, die der Hasenclan der Ersten Frau geschenkt hatte.

»Warum bist du so unglücklich?«, fragte die Frühlingsjungfrau.

»Ich habe etwas verloren«, erwiderte die Erste Frau. »Aber ich weiß nicht, was.«

Als die Frühlingsjungfrau sah, dass die Schale im Bauch der Ersten Frau leer war, wurde sie traurig.

»Ich weiß, was dir fehlt«, sagte sie und gab der Ersten Frau die Blume, die der Hasenclan ihr zu Beginn der Welt geschenkt hatte. »Diese Blume hast du dem Fuchs gegeben.«

Erfreut sprang die Erste Frau auf. Sie dankte der Frühlingsjungfrau, dass sie ihr ihre Kraft wiedergegeben hatte, und befestigte die Blume an ihrem Gürtel.

Die Frühlingsjungfrau lachte. »Lass die Arbeit ruhen und komm mit mir!«, sagte sie, drehte sich um und begann zu rennen.

Die Erste Frau spürte, wie die Trägheit des Winters von ihr abfiel und neue Energie in ihrer Schale vibrierte.

»Ja!«, rief sie und lief zusammen mit den Hunden und mit der Frühlingsjungfrau los.

Sie rannten durch den Wald, sprangen über Bäche, liefen über Berge und durch Täler. Frei und lebendig fühlte sich die Erste Frau, kraftvoll und schön. Und während sie lief, schuf sie ihren eigenen Weg.

Archetyp der Jungen Frau: Die Reise beginnt

Der Archetyp der Jungen Frau umfasst die Energie von Anfängen, von Bewegung und Handlung und von beginnendem Wachstum. Sie ist die ersten Knospen der Wachstumssaison und das einströmende Wasser der kommenden Flut. Sie ist die Sonne, die morgens am Himmel aufsteigt. Sie tritt in der Phase vor dem Eisprung und mit dem zunehmenden Mond in unser Leben.

Nach dem Rückzug und dem Winterschlaf der Menstruation erneuert sich in der Phase der Jungen Frau des Zyklus die körperliche Energie. Der Körper fühlt sich leichter an, das sexuelle Interesse und die Energien sind wiedererwacht, der Geist ist klarer und wir fühlen uns zuversichtlich und unabhängig. Die Junge Frau hat keine Angst vor Veränderung. Sie ist bereit, einen neuen Lebensweg einzuschlagen. Sie ist die Göttin der Jagd, die sich Ziele setzt und sie verfolgt. In Bezug auf wer sie ist und was sie darstellen will ist voller positiver Energie.

In der Phase der Jungen Frau ist unser »denkender Geist« dominant. Die Energien fließen von unserem Schoßzentrum aufwärts in unseren Geist, wodurch eine starke Geist-Gebärmutter-Verbindung entsteht.

Die Junge Frau ist die Göttin der Weisheit und des intellektuellen Wissens. Sie ist logisch und rational. Sie ist eher für intellektuelle Ideale offen als für einen empathischen oder intuitiven Zugang. In dieser Phase können das Gedächtnis und die Konzentration besser sein als sonst, außerdem wollen wir lernen und entdecken.

Dies ist auch die Phase, in der wir ehrlich zu uns selbst sind, in der wir uns an einfachen Dingen erfreuen und spielerisch mit der Welt interagieren. Die Junge Frau möchte Spaß haben und wünscht sich, frei zu sein von den Verantwortungen der Erwachsenenwelt.

Im Einklang mit den Energien der Jungen Frau

Wenn die Energien der Jungen Frau in Einklang mit unserem Leben stehen, können wir unsere Träume und Ziele besser verwirklichen. Dann erfüllen wir unser Bedürfnis nach Wachstum und Erfolg leicht und zwanglos. Aber wenn ihre Energien aus der Balance geraten, weil wir ihre Bedürfnisse ignorieren oder uns mit ihren Energien zu stark identifizieren, werden wir frustriert. Dann beneiden wir andere um ihren Erfolg, werden unempathisch und lassen zu, dass unsere Arbeit und die persönlichen Ziele das Leben dominieren.

Die Energien der Jungen Frau annehmen

Viele Frauen mögen die Energien der Jungen Frau. Sie fördern unsere Fähigkeit, in einer ziel- und wettbewerbsorientierten Gesellschaft vorwärts zu kommen. Daher versuchen viele Frauen, nur als Junge Frau zu leben.

Anderen Frauen fällt es schwer, die Phase der Jungen Frau zu akzeptieren. Wegen ihrer Ichbezogenheit fühlen sie sich schuldig, denn das Bild, das die Gesellschaft uns vorgibt, zeigt, dass eine »gute« Frau *immer* selbstlos, fürsorglich und empathisch ist. Akzeptieren wir aber diese unabhängige und selbstbestimmte Ausdrucksform der Energien der Jungen Frau, so erlangen wir mehr Kontrolle über unser Leben. Statt Stagnation spüren wir Wachstum und die Kraft, fürsorglich und großzügig zu sein.

Manche Frauen finden es schwierig, ihrer Natur der Jungen Frau durch Spaß und Spiel Ausdruck zu verleihen, weil die Verantwortung als Mutter und ein anstrengender Job so schwer wiegen. Aber beim Spielen können wir Stress abbauen, lernen und wachsen, können empathische und liebende Beziehungen zu unseren Kindern aufbauen.

Kreativität der Jungen Frau

Die Junge Frau bietet uns Zugang zu ihrer einzigartigen Kreativität, Sexualität und Spiritualität. Ihre Kreativität wird durch unseren Intellekt ausgedrückt und bietet uns die wunderbare Möglichkeit, dem Chaos Struktur zu verleihen und Zukunftspläne zu entwickeln.

Spiritualität der Jungen Frau

Die Spiritualität der Jungen Frau führt uns zu spirituellen Idealen, zu Aufstieg oder Erleuchtung. Und sie weckt eine Leidenschaft für Regeln, hierarchischen Strukturen, Gründen, ethischen und moralischen Praktiken. Dabei sollten wir jedoch im Kopf behalten, diesen Weg mit ihrer Verspieltheit zu gehen. Sonst werden wir von dem Gedanken besessen, uns strikt an das »richtige« Vorgehen zu halten.

Sexualität der Jungen Frau

Die Junge Frau ist in ihrer Sexualität unabhängig, Sex hat sie einzig und allein, um Spaß zu haben und sich gut zu fühlen.

Die Natur gibt uns diese Zeit bis zum Eisprung, damit wir uns amüsieren! Viele Frauen finden diese Phase schön. Nach der Zeit des Rückzugs während der Menstruation sind die sexuellen Energien nun wieder dynamisch und der Körper fühlt sich lebendiger an. Wir fühlen uns selbstsicher und positiv. Weil wir körperlich ausdauernder sind, können wir lange Nächte mit leidenschaftlichem Sex erleben.

Jedoch kommen manche Frauen mit dieser plötzlichen dynamischen Sexualität nicht klar. Auch für den Partner kann es erschreckend sein zu erleben, dass eine Frau während der Menstruation viel schläft und kein Interesse an Sex zeigt und dann in der Phase vor dem Eisprung plötzlich feiern und flirten und wilden Sex haben will.

Die Junge Frau in uns annehmen – in jedem Alter

Wenn die Energien des Aspekts der Jungen Frau im Gleichgewicht sind, dann stehen sie für Neuanfänge, Unabhängigkeit, Lebendigkeit und Verspieltheit. Um sie zu harmonisieren, müssen wir die Fähigkeiten unseres »denkenden Geistes« annehmen und ausdrücken, indem wir Aktivitäten planen, Strukturen schaffen und Neues lernen. Wir brauchen Selbstbewusstsein, um Neues zu beginnen und um unsere neu erwachte Lebendigkeit zu genießen, auszugehen und körperlich aktiver zu werden. Dabei sollten wir die mildernden Aspekte der Jungen Frau von Verspieltheit, Flexibilität und Spaß nicht vergessen.

Egal wie alt wir sind, wir verkörpern den Aspekt der Jungen Frau: Wenn wir einen Zyklus haben, werden wir einmal im Monat in der Phase vor dem Eisprung zum jungen Mädchen, nach den Wechseljahren halten wir die Energien in uns selbst und begrüßen sie mit dem zunehmenden Mond, im Frühling oder wann immer wir es wünschen.

Wie das Womb Blessing die Phase der Jungen Frau heilen kann

Mithilfe der Gebärmuttersegnung können wir alte Gedankenmuster ablegen, die uns behindern, die unsere Ziele und Träume verdecken und verhindern, dass wir zu uns selbst finden. Viele Frauen, die in dieser Phase die Segnung erhalten, fühlen sich hinterher voller Energie, sie möchten Dinge verändern und einen neuen Lebensweg beschreiten. Durch die Segnung öffnen sie sich für ihre eigenen selbstbewussten, unabhängigen und dynamischen Aspekte.

Während des Prozesses der Geburt nach der Segnung arbeitet die Segnungsenergie in der Zeit vor dem Eisprung mit dem Archetyp der Jungen Frau, um uns von einschränkenden Gedanken und Erinnerungen zu befreien. So können wir unsere eigenen Qualitäten wiederentdecken und erkennen, dass wir so, wie wir jetzt sind, schön und perfekt wir sind. Und wir können es genießen, weiblich zu sein. Wir denken positiver und finden die Kraft, unser Leben zu verändern und finden unseren Weg in dieser Welt.

In Kapitel 9 finden sich Anregungen, wie wir in dem Monat nach dem Womb Blessing bewusster mit dem erwachenden und heilenden Archetyp der Jungen Frau arbeiten können.

Übung
Die Energien des zunehmenden Mondes und der Jungen Frau ausdrücken

Der Schlüssel zu einem bewussteren authentisch weiblichen Leben sind Aktivitäten, die den Archetyp der jeweiligen Phase ausdrücken und dich glücklich machen. Die folgende Übung ist eine Denkaufgabe, denn der »denkende Geist« dominiert die Phase der Jungen Frau. Wenn du die Segnungseinstimmung in deiner Phase der Jungen Frau erhältst, kannst du diese Meditation an den restlichen Tagen dieser Phase wiederholen.

Denke in deiner Phase der Jungen Frau über alle Aufgaben und Aktivitäten nach, die du diese Woche tun möchtest oder musst. Die Junge Frau liebt To-do-Listen, denn sie geben ihren dynamischen Energien Richtung und Ziel vor. Füge einige Aufgaben hinzu, die Konzentration und klares Denken erfordern, um deine Fähigkeiten der Jungen Frau zu nutzen. Du wirst merken, wie gut es sich anfühlt, erledigte Aufgaben abzuhaken – die Junge Frau liebt es, etwas zu erreichen.

Sommer und Vollmond: Archetyp der Mutter

Als es Sommer wurde, fühlte sich die Erste Frau unausgeglichen. Ein Teil, aber nicht all ihre Kraft war zurückgekehrt, daher zog sie los, ihre verschwundenen Kräfte wiederzufinden.

Als sie noch den Gürtel mit ihren Kraftobjekten getragen hatte, war das Reisen einfach gewesen. Jetzt schmerzte ihr Rücken und die Füße taten weh. Bald wurde sie müde.

Erschöpft setzte die Erste Frau sich in den Schatten eines großen Baumes. Als die Sommermutter dort auf sie stieß, ließ sie sich neben ihr nieder. Sie war hochschwanger.

»Ah, meine Tochter«, sagte die Sommermutter. »Geht es dir gut, meine Kleine?«

»Oh Mutter, jemand hat mich um meine Kräfte betrogen. Ich habe mich verlaufen, alles tut weh«, jammerte die Erste Frau.

Die Sommermutter öffnete das Bündel Schilf, das sie bei sich trug, und begann, einen Korb zu flechten. Währenddessen erzählte sie von den Ersten Tieren, ihren Familien und Babys. Sie sprach über deren Probleme und Bedürfnisse. Bevor sie an frühen Abend aufbrach, betrachtete sie den Gürtel ihrer Tochter.

»Dies hier habe ich gefunden, als ich nach dir gesucht habe«, sagte sie. »Es ist ein Spiegel, den Pferdefrau dir bei der Entstehung der Welt gegeben hat. Der Fuchs hat ihn verloren.«

Am nächsten Morgen stellte die Erste Frau fest, dass die Körbe, die Sommermutter geflochten hatte, voller Dinge für die Tiere waren. Sie hob sie auf, um mit ihren Tierfreunden zu teilen.

Archetyp der Mutter: Fülle und Ganzheit

Der Archetyp der Mutter steht für die Energien der Fülle, der Ganzheit, für Gleichgewicht und Glanz. Wir finden sie in den duftenden Blüten des Sommers, der Fülle der Natur und im sanften Licht des Vollmonds. Sie ist die Stille am höchsten Punkt der Gezeiten, die Wärme der Sonne am Mittag und die fürsorglichen, nährenden Energien der Phase des Eisprungs.

Die Mutter geht mit Mitgefühl und Empathie auf andere zu, um Beziehungen zu knüpfen. Sie ist die Erdgöttin, die ihre Kinder zur Welt bringt und aufzieht. Die dynamischen Energien der Jungen Frau sind sanfter geworden, der Antrieb zu selbstbestimmtem Handeln ist zu emotionaler Stärke gereift, die es uns ermöglicht, zu geben und für andere zu sorgen.

In der Mutterphase des Eisprungs und zu Vollmond können wir zu uns selbst stehen und uns selbst, die Menschheit, die Erde und alle Lebewesen lieben. Die Mutter ist tief in der Erde verwurzelt. Das verleiht ihr die Stärke und Stabilität, um ihr Herz zu öffnen, zu lieben, für andere zu sorgen und freigiebig zu sein.

In der Mutterphase wird unser Denken vom »fühlenden Geist« dominiert. Die Energien fließen vom Schoßzentrum aufwärts ins Herz, wodurch eine starke Verbindung zwischen Herz und Gebärmutter entsteht. Die Mutter richtet unsere Aufmerksamkeit weg vom Intellekt, hin zu den tieferen Ebenen der fließenden Gefühle, zu Empathie, Verständnis und Mitgefühl. Es sind nicht mehr die persönlichen Erfolge, die uns antreiben. Stattdessen sind wir zufrieden mit uns und finden Erfüllung darin, für andere zu sorgen.

Im Einklang mit den Mutterenergien

Viele Frauen mögen diese Phase. Zu lieben und zu geben gehört in den meisten Kulturen zum Idealbild des Frausein. Identifizieren wir uns aber zu sehr mit den Mutterenergien, geraten wir aus dem Gleichgewicht. Dann opfern wir unsere eigenen Bedürfnisse dem Wohl anderer, bieten Hilfe an, wo sie nicht benötigt wird, oder übernehmen zu viel Verantwortung. Wir vergessen, dass unsere Leistungsfähigkeit und unsere Energie in den nächsten beiden Zyklusphasen abnehmen werden und wir andere dann nicht mehr im selben Ausmaß unterstützen können.

Wenn wir fortwährend versuchen, die Mutterenergien zu verkörpern, dann verpassen wir die Chance, persönlich zu wachsen, höhere Ebenen der Bewusstheit zu erleben und die Welt auf vielfältige Weise zu verändern.

Auf der anderen Seite werden wir uns einsamer fühlen und weniger tragfähige Beziehungen knüpfen, wenn wir die Mutterenergien unterdrücken. Dann finden wir vielleicht die emotionale Kraft nicht, aus der Großzügigkeit und Herzlichkeit erwachsen.

Die Mutterenergien annehmen

Manchen Frauen fällt es schwer, die Mutterenergien willkommen zu heißen. Sie befürchten, die dynamische »Kante« zu verlieren, die sie für ihren Erfolg brauchen, und sich in den sanften, fürsorglichen Energien der Mutter zu verlieren. Auch eine schwierige Beziehung zur eigenen Mutter kann ein negatives oder verzerrtes Bild dieses Archetyps hervorrufen. Dann mag es schwierig sein, diesen Aspekt rückhaltlos anzunehmen.

Kreativität der Mutter

Es gibt unzählige Formen der Kreativität – die Mutter ist mit ihren Händen, ihrem Herzen und ihrer Gebärmutter kreativ. Sie gibt uns die Kraft, Gefühle von Liebe und Harmonie entstehen zu lassen und unser weites Netzwerk aus Freunden, Kollegen und anderen Gemeinschaften zu unterstützen. Sie befähigt uns, Verbindungen zu anderen Menschen zu knüpfen, mithilfe unserer Gefühle zu verstehen, mithilfe unseres Herzens zu kommunizieren und mithilfe unserer Fürsorge Fülle und Wachstum zu erzeugen.

Spiritualität der Mutter

Viele Frauen spüren in der Mutterphase eine starke Verbindung zur Natur und freuen sich daran, die natürliche Welt mit ihren Sinnen zu erfahren. Dies drückt sich in der Spiritualität der Mutter aus, die auf einfache Wahrheiten und ein einfaches Leben ausgerichtet ist – darauf, zu lieben, zu helfen und alles Lebendige zu würdigen.

Sexualität der Mutter

Mutter Natur kann uns in dieser sehr sinnlichen und gefühlvollen Phase mit wundervoller, starker sexueller Energie versorgen. Sie fordert uns auf, uns unserem Partner körperlich und emotional vollständig zu öffnen, unseren Körper und unser Herz mit ihm zu teilen. Die Mutterphase steht für körperliche Leidenschaft und Romantik, wir fühlen uns von jemandem geliebt, unterstützt und wertgeschätzt, den wir auf Seelenebene kennen und der mit uns verbunden ist.

Viele Frauen empfinden diese Phase als leidenschaftlich, liebevoll und gebend. Unterdrücken wir diese Aspekte jedoch, dann verlieren wir die wunderbare Gelegenheit, mit unserem Partner in Liebe zu verschmelzen. Manchen Frauen fällt es schwer, einem Mann genug zu vertrauen, um die Offenheit und die damit verbundene Verletzlichkeit zuzulassen. Andere halten ihre Energien aus Angst vor einer ungewollten Schwangerschaft zurück.

Die Mutter in uns annehmen – in jedem Alter

Die Mutterenergien können uns eine Phase der Liebe und Fürsorge, des Erschaffens und der Fülle bescheren. Um sie zu harmonisieren, benutzen wir unseren »fühlenden Geist«, lassen den Antrieb der Jungen Frau los und verschmelzen mit den Fähigkeiten der Mutter, zu lieben und sich in andere einzufühlen. Wir müssen auf andere zugehen, in einfachen Worten und Taten zeigen, dass wir sie mögen, und unsere Beziehungen pflegen. Zudem können wir mithilfe der Mutterenergien Projekte so vorantreiben, dass sie ohne unser Zutun weiterlaufen, wenn unsere Energien in der Phase der Zauberin zurückgehen.

Ob wir Kinder haben oder nicht, ob wir jung sind oder alt, wir verkörpern den Archetyp der Mutter.

Wie das Womb Blessing die Mutterphase heilen kann

Die Segnungsenergie befreit und heilt unterdrückte Gefühle von Schmerz und Verletzung und löst die Narben, die unser Herz mit den Jahren verschlossen haben. Sie löst Blockaden, die uns daran hindern, uns selbst zu lieben und zu akzeptieren, anderen Menschen und dem Göttlichen zu vertrauen, und die wie eine Barriere für Intimität und Liebe sind.

Viele Frauen, die die Segnungseinstimmung in dieser Phase erhalten, fühlen sich sanft und fürsorglich und weinen leicht. Sie möchten die Menschen in ihrer Umgebung umarmen, um ihnen ihre Liebe zu zeigen.

Während des Prozesses der Geburt nach der Segnung arbeiten die Energien mit dem Archetyp der Mutter, um unser Herz, unsere Beziehungen und Ängste zu heilen und uns emotionale Stärke zu verleihen, damit wir offen und verletzlich sein können. Wir entdecken innere Ruhe und Frieden, denn wir können uns selbst annehmen und fühlen uns ganz und vollständig. Gefühle von tiefem Mitgefühl und Liebe können entstehen. Dann können wir Opfer erbringen, um andere zu unterstützen.

In Kapitel 9 finden sich Anregungen, wie wir in dem Monat nach dem Womb Blessing bewusster mit dem erwachenden und heilenden Archetyp der Mutter arbeiten können.

Übung
Die Energien des Vollmonds und der Mutter annehmen

Die folgende Meditation hilft, sich mit den Mutterenergien zu verbinden. Sie basiert auf einer Meditation aus *Roter Mond*. Die Mutter besitzt eine starke Verbindung zu Natur und erlebt die Welt durch ihre Sinne und Gefühle. In dieser Meditation geht es ums Fühlen, denn der »fühlende Geist« dominiert in der Mutterphase. Wenn du das Womb Blessing in der Mutterphase empfängst, kannst du die Meditation an den übrigen Tagen dieser Phase praktizieren.

- Setze dich in den Garten oder an einen Ort mit Blick auf Bäume und andere Pflanzen.
- Achte auf die Lebendigkeit der Farben, die Tiefe der Schatten und das Strahlen des Sonnenlichts.
- Stelle dir vor oder fühle, wie die Landschaft zu einem wunderschönen Gewand von Mutter Erde wird. Auch du bist Teil ihres Gewands. Spüre ihre Anwesenheit um dich herum.
- Spüre den Frieden und die innere Harmonie, die sie bringt. Wie aus einer Quelle sprudelt Liebe aus deinem tiefsten Inneren hervor. Alles Leben ist mit den Webfäden des Gewands von Mutter Erde verbunden. Ihre kreative Energie bringt das Gewebe zum Leuchten.
- Werde dir dieser kreativen Energien in dir bewusst, die dich mit allem Lebendigen verbinden. Spüre, wie sie in deinem Herzen und den Händen pulsieren und den Wunsch wecken, die Hand auszustrecken, zu nähren und zu sorgen.
- Erlaube den Energien, sich über dich hinaus auszubreiten. Deine eigenen Bedürfnisse sind nicht mehr wichtig, stattdessen möchtest du andere trösten, beschützen, heilen und von Schmerzen befreien.
- Verweile im Gewahrsein der Energien der Mutter.
- Wenn du bereit bist, die Übung zu beenden, lenke deine Aufmerksamkeit sanft zurück auf deine Umgebung. Empfinde beim Anblick der Dinge um dich herum Liebe und Frieden und trage diese Gefühle hinaus in deinen Alltag.

Herbst und abnehmender Mond: Archetyp der Zauberin

Als die Blätter sich gelb und orange färbten und zu fallen begannen, traf die wunderschöne reife Herbsthexe auf die Erste Frau, die gerade Zweige für ein Feuer zusammensuchte.

Die Herbsthexe trug einen Umhang aus Rabenfedern. Die Silberglöckchen darin klingelten, während sie lief. Ohne ein Wort half sie der Ersten Frau, den Boden freizuräumen und Zweige für ein großes Feuer aufzuschichten.

Mit einer anmutigen Geste entzündete sie mit ihrer Magie das Feuer. Dann begann sie zu tanzen und ihre Füße trommelten den Herzschlag der Erde.

Spät in der Nacht verwoben die Erste Frau und die Herbsthexe die Wilde Magie von Erde und Luft, Feuer und Wasser.

Eine silberne Sichel blitzte auf, als die Herbsthexe tanzte, und in einem Wirbel aus Gelächter und Licht gab sie der Ersten Frau das Messer zurück, das Eulenfrau ihr geschenkt hatte.

Archetyp der Zauberin: Der Schritt in die Dunkelheit

Der Archetyp der Zauberin steht für die Energie des Wandels, von Loslassen, Wildheit und spirituellem Gewahrsein. Sie ist die goldene Farbe des Landes, wenn sich im Herbst die Lebenskräfte zurückziehen. Sie ist das abnehmende Licht auf dem Antlitz des Mondes und die strudelnde Gefahr der Ebbe. Sie ist das schwindende Sonnenlicht und die zunehmende Dunkelheit der Dämmerung. Auf unserer Reise von der Phase des Eisprungs zur prämenstruellen Phase bringt uns die Zauberin diese kraftvollen Energien.

In der Zauberinnenphase tanzen wir die Stufen hinab in die Dunkelheit, die uns im Herzen des Labyrinths willkommen heißt. So wie das Licht der äußeren Welt nach und nach schwindet, so nimmt auch unsere körperliche, geistige und emotionale Energie ab. Unser Tanz wird langsamer und drückt unser zunehmendes spirituelles Gewahrsein aus. Das Wesen, das die Stufen hinabtanzt, kann sehr verschieden sein von dem Wesen, das schließlich im Zentrum zur Ruhe kommt. Kein Licht führt uns in der Dunkelheit, nur die Hand der Zauberin und ihre Bedürfnisse, ihre Intuition und Magie. Sie ist die wunderschöne reife Hexe, die betörende Verführerin, die Göttin des Sex und der Magie, der Herausforderung und des Wandels. Sie ist schön, selbstbestimmt, sexuell aktiv, frei und magisch.

Wie in den anderen Phasen wird unser Denken in der prämenstruellen Phase von einer bestimmten Qualität geprägt: Unser Zauberinnengeist wird dominiert von der unterbewussten Ebene des Denkens und Gewahrseins. Die Zauberin führt uns jenseits alltäglicher Gedanken in die magisch-kreative Welt des Unterbewussten. Dabei bleiben die Energien des Schoßzentrums in der Gebärmutter zentriert.

Für die meisten Frauen ist dies die härteste Phase, denn sie versuchen, die Anforderungen einer Welt zu erfüllen, die ihnen den Rückzug nicht zugesteht. Dann müssen sie mit den Auswirkungen einer vernachlässigten Zauberin leben. Das Bild der prämenstruellen Frau als Xanthippe, die schimpft und fordert, herausfordert und droht, die launisch und gemein ist, aggressiv und wütend, ist das Bild einer Frau, die nicht die Freiheit hat, ihre Zauberinnenenergien auszudrücken. Sie darf sich nicht ausruhen und zurückziehen, kann nicht so für sich sorgen, wie sie es bräuchte. Sie weiß nicht, wer sie ist und welche unglaublichen kreativen und spirituellen Kräfte sie verkörpert.

Kein Wunder also, dass sich viele Frauen in dieser Phase selbst hassen. Wenn die Symptome Beziehungen zerbrechen lassen und das Überleben erschweren, können Frauen dieser Phase zwar entkommen, indem sie ihren Zyklus blockieren. Aber dadurch opfern sie ihre weiblichen Energien für eine Gesellschaft, die der Grund für das Problem ist und nicht die Lösung.

Im Einklang mit den Zauberinnenenergien

Um die Energien der Zauberin auszugleichen, müssen wir die zyklischen Veränderungen akzeptieren. Wir sollten uns mehr Ruhe und Schlaf zugestehen und uns kreativ und spirituell ausdrücken. Die emotionalen Reaktionen der Zauberin können schwer zu kontrollieren sein, denn sie steigen direkt aus dem Unterbewusstsein auf, bevor unser rationaler Verstand sie bemerkt.

Wenn wir das stärkere Bedürfnis nach Ruhe und Rückzug ignorieren, sieht unser Gehirn in allem, was Energie kosten könnte, eine Gefahr – und befiehlt uns anzugreifen. Wenn wir die Zauberinnenenergien unterdrücken, können Gefühle der Enttäuschung, der inneren Leere, des Macht- und Wertverlusts entstehen.

Frauen, die in einer bedrohlichen Umgebung leben, identifizieren sich manchmal zu stark mit der Zauberin, da sie durch ihre extremen Emotionen ein Gefühl der Selbstbestimmtheit vermittelt. Wenn wir wütend sind, fühlen wir uns manchmal mächtig. Andererseits: Indem wir die Energien der Zauberin ausdrücken und ihre Bedürfnisse beachten, entwickeln wir Selbstliebe – und durch diese Liebe entsteht die Kraft, unser Leben zu ändern.

Die Zauberinnenenergien annehmen

Die Zauberin anzunehmen, ist nicht immer leicht, besonders wenn sie im Ungleichgewicht ist und wilde Gefühlsschwankungen, Schmerzen, unangenehme körperliche Symptome, zwanghafte Aktivitäten, ein Gefühl der Leere und Isolation, Angst, plötzlichen und starken Entzug verursacht.

Viele Frauen sind schlicht nicht in der Lage, in der Zauberinnenphase langsamer zu werden, da der Druck von Erwartungen, Terminen und Verantwortungen auf ihnen lastet. Sie bekämpfen jede Aufforderung der Zauberin, sich zurückzuziehen und auszuruhen. Da die Zauberin sich aber noch heftiger wehrt, sind sie irgendwann erschöpft und lösen das Problem mit Hormonen.

Bei Frauen, denen es in der Kindheit an Liebe, Anerkennung und Wertschätzung gefehlt hat, nutzt das Unterbewusstsein die »Symptome« der Zauberinnenphase manchmal als Zeichen für das Bedürfnis nach Selbstliebe und -akzeptanz.

Es gibt aber auch Frauen, die die Zauberinnenphase lieben, da sie einen Wirbelwind kreativer und sexueller Energien, tiefgründige Inspiration, eine tiefe spirituelle Verbundenheit und Einsicht bringt. Frauen, die in dieser Phase mehr Ruhe finden können, die sich Zeit für Spiritualität und Kreativität nehmen können und die keine Angst davor haben, ihre innere Welt zu betreten, werden von der Zauberin reich beschenkt.

Kreativität der Zauberin

Die Zauberin vertieft unsere Inspiration, Impulsivität und Intuition. Sie braucht Klärung und Raum und schenkt uns die magische Kraft, die Zauberin in uns zu offenbaren. Ihre Kreativität kann wild sein und getrieben oder zwanghaft wirken.

Für unseren Frieden und unser Gleichgewicht ist es wichtig, in dieser Phase ein einfaches Projekt zu haben, in dem wir ihre kreativen Energien freisetzen können. Es ist nicht so wichtig, was aus dieser Kreativität entsteht – wichtig ist, ihrem Bedürfnis gerecht zu werden, ihre Kreativität in die Welt fließen zu lassen und die wilde Freude an diesem Prozess zu erfahren.

Spiritualität der Zauberin

Die Zauberin steht zwischen Licht und Dunkel, zwischen innerer und äußerer Welt, zwischen Materiellem und Spirituellem. Sie weckt den Wunsch, mit der spirituellen Welt in Kontakt zu treten, Weissagung und Führung in den Tiefen unserer Intuition zu finden. Wir sehnen uns nach der einfachen Magie der Kräuterfrauen und der Natur ebenso sowie nach der rituellen Magie der Priesterin.

Ihre Spiritualität ist frei von Regeln und Beschränkungen und nimmt ihren Ursprung von der persönlichen Verbindung der Zauberin mit dem Göttlich-Weiblichen.

Sexualität der Zauberin

Die Zauberin schenkt uns die Magie einer dynamischen, sinnlichen und erotischen sexuellen Energie. Unsere sexuelle Energie ist in unserer dynamischen Reise hinab in die Dunkelheit verankert. Sie bejaht das Leben und ist eine Antwort auf die Befreiung von den Restriktionen, die unser Unterbewusstsein den restlichen Monat über festketten. Die Sexualität der Zauberin kann exotischer, sinnlicher und dominanter sein als in den anderen Phasen. Sie kann sich aber auch in stärkerer Verletzlichkeit und dem Bedürfnis nach Trost und Bestätigung ausdrücken.

Die Energien der Zauberin reagieren darauf, wie sehr wir unsere eigene Macht und uns selbst unterbewusst annehmen, wie sehr wir uns selbst lieben. Wenn wir uns selbst nicht lieben und akzeptieren, werden wir in unserem sexuellen Verlangen manchmal fordernd und dominant – oder bedürftig und anhänglich. Indem wir die Reise in das Labyrinth annehmen, uns selbst lieben und für uns sorgen, harmonisieren wir die aufregenden und abenteuerlichen sexuellen Energien der Zauberinnenphase.

Während wir tief in die Dunkelheit reisen, bemerken wir, wie unsere körperliche Energie nach und nach abnimmt. Aber während dieses Abschwungs können wir viele Energieschübe wahrnehmen. Zu Beginn der Phase können diese Schübe dynamischer Energie den Großteil des Tages andauern, aber je tiefer wir in die Zauberinnenphase eintreten, desto kürzer und schwächer werden sie. Die Perioden schwächerer körperlicher Energie werden dann länger.

Sind die Vitalitätsschübe schließlich vorbei, sind wir in die nächste Phase mit den Energien der Alten Frau eingetreten. Während dieses Prozesses kommt unser Verlangen nach Sex in immer kürzeren Schüben, bis es schließlich nur noch wie ein kurzes Erkennen aufflackert und in wenigen Sekunden vergangen ist!

Die Zauberin in uns annehmen – in jedem Alter

Die Zauberinnenphase steht für eine Abkehr von alltäglichen Wünschen und Bedürfnissen und für einen Rückzug in einen tieferen, spirituellen Bereich des Lebens. Um ihre Energien auszugleichen, müssen wir die Magie der Zauberin annehmen. Hier können kleine Rituale im Alltag helfen, zum Beispiel können wir uns während des Umrührens beim Kochen Gesundheit wünschen. Wir sollten unserem Unterbewusstsein mehr Liebe entgegenbringen, indem wir besser für uns sorgen. Und wir brauchen einen Weg, um die Kreativität und Inspiration der Zauberin auszudrücken. Aber am wichtigsten in unserer Welt der Aktivitäten und der Vernetzung ist es, sich zurückzuziehen und mit der Zauberin allein zu sein.

Egal, wie alt wir sind, wir verkörpern die Magie der Zauberin.

Wie das Womb Blessing die Zauberinnenphase heilen kann

Die Gebärmuttersegnung kann helfen, Erinnerungen, alte Wut und Enttäuschung loszulassen. Dann erkennen wir, dass unter diesen Mustern ein Mangel an Selbstliebe und -wertschätzung verborgen liegt. Die Segnung zeigt uns, dass die negativen Gedanken und Handlungen in der prämenstruellen Phase eine Botschaft sind: dass wir uns selbst nicht genug lieben und die Zauberinnenphase vernachlässigen.

In der Phase der Geburt nach der Segnung arbeiten die Energien mit dem Archetyp der Zauberin, um Muster in unserem Unterbewusstsein, Überzeugungen und Erinnerungen zu befreien. Damit verbundene negative Gefühle werden geheilt und in Liebe und Stärke umgewandelt. Die Zauberin übermittelt uns Botschaften der Angst, damit wir den Weg zur Liebe erkennen. Und sie bereitet einen Raum für die Alte Frau, um Transformation zu ermöglichen. Mithilfe der Segnung gelingt es uns, unsere natürliche Zauberinnenspiritualität neu zu entdecken, unsere intuitive Inspiration und kraftvolle Kreativität wieder zu wecken und Freude in dieser Phase zu empfinden.

In der Zauberinnenphase nehmen die Energien auf natürliche Weise ab. Daher ist es wichtig, dass wir nach dem Womb Blessing uns gesund und regelmäßig ernähren und mehr schlafen, damit der Körper genug Ressourcen für den Energiewandel erhält. Zu akzeptieren, dass unsere Energien abnehmen und wir uns in ein Leben der spirituellen Achtsamkeit zurückziehen, ist ein weiterer Schritt in Richtung unserer authentischen Weiblichkeit.

Nach der Gebärmuttersegnung kann die Zauberinnenphase intensiver sein, denn sie klärt den Wirrwarr in unserem Leben, um Heilung und Wachstum zu ermöglichen. Daher sollten wir sanft mit uns selbst umgehen, uns Zeit nehmen, um für Körper und Geist zu sorgen. Insbesondere gegen Ende der Phase sollten wir unsere Aktivitäten reduzieren oder Prioritäten setzen. Sehr unterstützend kann die Harmonisierung der weiblichen Energien durch eine Moon Mother in dieser Phase wirken.

In Kapitel 9 finden sich Anregungen, wie wir in dem Monat nach dem Womb Blessing bewusster mit dem erwachenden und heilenden Archetyp der Zauberin arbeiten können.

Übung
Mit den Energien des abnehmenden Mondes und der Zauberin arbeiten

Die Phase Zauberin schenkt uns wilde Kreativität und Inspiration. Wenn wir ihren Zauberstab schwingen, können wir uns alles vorstellen und wahr werden lassen. Deswegen fühlt sich ein negativer Gedanke in dieser Phase auch so real an, selbst wenn er nicht wahr ist!

Ich vergleiche das Unterbewusstsein, das diese Phase bestimmt, gerne mit einem Welpen, der allem hinterherrennt, was wir für ihn fortwerfen. Auch unser »Welpengeist« wird alles, was wir werfen, zurückbringen – zusammen mit anderen, ähnlichen Dingen. Um unseren eifrigen Welpengeist und unsere kreativen Kräfte von den negativen Dingen, die wir von uns werfen, abzuhalten, sollten wir ihm etwas Positives zum Spielen anbieten.

Die folgende Übung basiert auf einer Übung aus *The Optimized Woman*. Wenn du die Segnung in deiner Zauberinnenphase empfängst, kannst du diese Meditation auch die restlichen Tage dieser Phase praktizieren.

- Wähle ein Problem, das du lösen möchtest, oder ein Thema, bei dem du dir Inspiration und Führung wünschst.
- Erlaube deinem wacheren Unterbewusstseins in der Zauberinnenphase, das Problem oder Thema zu verarbeiten. Du brauchst nichts zu tun, sei einfach empfänglich für Ideen, Feedback oder Synchronizität.
- Wenn du aktiv mit den intuitiven Kräften der Zauberin interagierst und ihre Kreativität in die Welt entlässt, wirst du dich gut fühlen!

Ideen und Synchronizität können jeder Zeit zu dir kommen. Trage ein Notizbuch bei dir, um sie sofort aufzuschreiben, sonst vergisst du sie in dieser Phase der abnehmenden geistigen Fähigkeiten womöglich schnell wieder.

Winter und Neumond: Archetyp der Alten Frau

Es lag Schnee, als die Alte Winterfrau die Erste Frau an ihrem kleinen Feuer antraf. Die Winterfrau war in zerschlissene Tücher und Leder gekleidet, rauchte eine Pfeife und stützte sich auf einen knorrigen Stock. Ihr Gesicht war von tiefen Linien durchzogen, aber in ihren Augen blitzte die Weisheit.

Nachdem sie eine Weile gemeinsam am Feuer gesessen hatte, holte die Alte Winterfrau eine Trommel hervor, um sie am Feuer zu wärmen.

Nach einer Weile begann sie zu trommeln und leise zu singen. Sie sang von der Entstehung der Welt, von der Ersten Frau, den Ersten Tieren, den Sternenmenschen und der Tiefe des Universums. Sie sang von der universellen Mutter, ihrer Liebe und ihrem Geist, der alle Dinge erfüllt. Sie sang von der Mutter des Mitgefühls und der Liebe, die die Welt in ihrer warmen Umarmung hält, und über Mutter Erde, die uns mit unserem Körper bekleidet und uns mit Leben füllt.

Nachdem sie geendet hatte, holte sie die Obsidianschale der Ersten Frau hervor und hielt sie ihr hin.

»Ich hätte sie dir früher gebracht«, entschuldigte sie sich, »aber ich bin alt und langsam.«

Als nun alle vier Kraftobjekte zu ihrem Gürtel zurückgekehrt waren, spürte die Erste Frau, wie sich die Schale in ihrem Bauch wieder mit dem Wasser des Lebens und der Flamme der Schöpfung füllte.

Archetyp der Alten Frau: Das Ende unserer Reise

Ein Blick in den Kalender und die ersten Anzeichen der Blutung sagen uns, dass sich unsere Energien in den Archetyp der Alten Frau verwandeln. Aber wir können auch spüren, wenn es soweit ist.

Die Alte Frau sitzt im Herzen des Labyrinths. Sie ist die Energie der Möglichkeiten, die Energie von Gleichgewicht, Stille, Winterschlaf und Tod und die Energie des Universums. Sie ist die Ruhe des Winters, die nach innen gezogenen Lebenskräfte des Winterschlafs, das versteckte Antlitz des Mondes und die Leere und Stille der Ebbe. Sie ist der dunkelste Moment der Nacht, bevor die Dämmerung anbricht. Wenn sie mit der Menstruation in unser Leben tritt, bringt sie uns Tiefe und Stille.

In der Phase der Alten dominiert der Seelen-Geist. Mithilfe tief empfundener Gefühle zeigt er uns, was wichtig für uns ist, und gibt unserem Leben Sinn und Richtung. Die Energien im Schoßzentrum fließen hinab in die Erde, sodass eine starke Verbindung zwischen Gebärmutter und Erde entsteht. Die Alte Frau ist die Weise, die isolierte alte Hexe, die versteckte Göttin der Unterwelt, die Göttin der Seelen und der Wiedergeburt.

Die Alte Frau ermöglicht uns, emotionales Gepäck abzuladen. In der Dunkelheit im Zentrum des Labyrinths können wir die Gefühle und Erfahrungen des vergangenen Monats hinter uns lassen. Wenn wir die Reise zurück ins Licht antreten, fühlen wir uns gereinigt und wiedergeboren. Die Alte Frau schenkt uns tiefe Einsicht und inneres Gewahrsein, stärkt unsere Fähigkeit zu vergeben und loszulassen, und eröffnet uns eine universelle Perspektive. Mit ihrer Hilfe können wir uns für einen neuen Weg entscheiden. Sie zeigt uns, dass wir geheilt werden können, dass uns vergeben wird und wir eine zweite

Chance haben, die Dinge besser und im Einklang mit unserer Herzensgüte zu machen.

Im Einklang mit der Alten Frau

Die Energien der Alten Frau sind ausgeglichen, wenn wir uns während der Menstruation ausruhen und zurückziehen. Wenn wir unsere Langsamkeit, den friedvollen Geist und das fehlende Verlangen akzeptieren, fühlen wir uns eins mit dem Universum und wissen tief in unserem Inneren, welche Entscheidungen wir treffen und welche Richtung wir einschlagen sollen.

Unterdrücken wir jedoch die Energien der Alten, indem wir uns gegen ihre Natur stellen, fehlt uns die Zeit zu heilen und unsere Energien aufzuladen. Dann fühlen wir uns in der folgenden Phase der Jungen Frauen oder den gesamten Monat über müde und erschöpft. Ohne die Alte Frau in unserem Leben fehlen uns vielleicht auch der Sinn und die Richtung.

Manche Frauen nutzen diese Phase als Flucht vor dem Alltag und identifizieren sich zu stark mit den Energien der Alten Frau. Dadurch fehlt ihrer Spiritualität die Erdung und der Alltag fällt ihnen schwer.

Die Energien der Alten Frau annehmen

Manche Frauen sind erleichtert, wenn die chaotische körperliche, mentale und emotionale Achterbahnfahrt der Zauberin vorbei ist. Für viele Frauen jedoch ist die Phase der Alten Frau eine große Herausforderung. Besonders Frauen mit Berufen, die starke intellektuelle Fähigkeiten und hohe Leistungsbereitschaft erfordern, empfinden diese Phase als lähmend.

Unsere Welt steckt in den archetypischen Energien der Jungen Frau fest, daher kann es schwerfallen, loszulassen und den zyklischen Wandel des Körpers und der eigenen Fähigkeiten zu akzeptieren. Vielleicht fühlen wir uns schuldig, wenn wir uns zurückziehen und ausruhen, weil wir dann nicht mehr so produktiv sind. Wir glauben, nicht gut genug zu sein, weil wir nicht so viel arbeiten, wie alle anderen. Solche Gedanken aktivieren den Überlebensinstinkt. Dann unterdrücken wir entweder diese Phase und machen einfach weiter oder wir fühlen uns überwältigt von der Dunkelheit, die uns zum Ausruhen zwingt.

Wenn wir diese Phase bekämpfen, entgehen uns die regenerierenden und heilenden Kräfte der Alten Frau. Wir können uns selbst nicht vergeben und hören nicht auf unsere innere Stimme. Dann erfahren wir auch nicht unser inneres Einssein mit dem Universum.

Kreativität der Alten Frau

Die Alte Frau verfügt über mächtige Kräfte, sie erschafft die Sterne und die Seele alles Lebendigen. Ihre Kreativität basiert auf Stille und Leere – einem Raum, der mit innerem Wissen, sanftem Fühlen und intuitiver Weisheit jenseits von Worten gefüllt werden kann. Wir brauchen unsere Kreativität nicht nach außen auszudrücken, wir bleiben einfach still, halten unsere Intuition in unserem Herzen und lassen ihre Schwingungen in die Welt fließen, um Sinn zu erzeugen.

Spiritualität der Alten Frau

Die Alte Frau strebt nicht nach intellektueller Spiritualität, Ritualen oder magischen Offenbarungen. Ihre Spiritualität liegt im Einssein. Der Alltag ist eine Meditation, ein Gebet ohne Worte und eine liebevolle Interaktion mit dem Göttlich-Weiblichen in all seinen Formen.

Sexualität der Alten Frau

Spiritualität und Sexualität der Alten Frau verschmelzen zu einem Wohlgefühl. Viele Frauen verspüren in dieser Phase kein Verlangen nach aktivem Sex, was häufig als Mangel an sexueller Energie missinterpretiert wird.

Die Phase der Alten bietet uns eine Sexualität, in der sich Gefühle des Loslassens, der Offenheit für das Universum, der Liebe und des Vertrauens und das Verschmelzen der Seelen miteinander verbinden. Durch eine achtsame Erfahrung mit unserem Partner, bei der wir offen und empfänglich bleiben, wird Sex zu einem Gebet und einer spirituellen Meditation über die Liebe.

Frauen mit Verlangen nach Sex in dieser Phase erreichen den Orgasmus manchmal leichter oder empfinden ihn intensiver. Aber ob sexuell aktiv oder passiv – Sex ist immer ein Ausdruck der sinnlichen Verschmelzung der Seelen mit dem Göttlichen.

Die Alte Frau in uns annehmen – in jedem Alter

Die Alte Frau schenkt uns einen meditativen Zustand der Seelenverbindung, der Heilung und Erholung. Indem wir innehalten, ruhen, in der Stille meditieren und die Welt ohne uns voranschreiten lassen, nehmen wir ihre Energien an. Dann kann das Leben »passieren«, ohne dass wir ihm in die Quere kommen. Wenn wir uns dafür entscheiden, kann das Göttlich-Weibliche übernehmen und Magie in unseren Körper und in unser Leben zaubern.

Die Alte Frau schenkt uns die erstaunliche Fähigkeit, uns jeden Monat zu erneuern und ihre Weisheit in die Welt des Lichts mitzunehmen.

In jedem Alter verkörpern wir die Energien der weisen Alten Frau und stehen mit einem Fuß in der irdischen Welt, mit dem anderen zwischen den Sternen.

Wie das Womb Blessing die Phase der Alten Frau heilen kann

Mithilfe der Segnungseinstimmung werden wir uns des Archetyps der Alten Frau und ihren Energien der Stille und spirituellen Verbindung bewusst. Wir erkennen den Sinn und Vorteil für unser Leben. Wir wissen, wie wichtig es ist, in der Menstruationsphase auszuruhen, um uns mit diesem Aspekt unseres selbst zu verbinden. Die Segnung löst auch negative Muster rund um die Blutung, die durch die Erziehung, unsere Erfahrungen, aber auch durch Vererbung entstanden sind. Dann können wir uns auf das Göttliche unseres Blutes und der Blutungszeit zurückbesinnen, können die Geschenke der Alten Frau genießen und die Dinge annehmen, wie sie sind – auch uns selbst.

Frauen, die in dieser Phase die Segnung empfangen, haben oft klare Visionen, fühlen sich geleitet und wissen um das Ziel in ihrem Leben. Nach der Segnung haben sie das Bedürfnis nach Stille, möchten einfach nichts tun oder schlafen.

Im Prozess der Geburt nach der Gebärmuttersegnung arbeiten die Energien mit dem Archetyp der Alten Frau, um die Blockaden zu lösen, die unsere weiblichen Seelenmuster bedecken. Dann können die Energien unserer Seele zurück in unser Leben fließen und uns leiten. Die Alte Frau bringt uns in Harmonie mit unserer Seele und mit dem Göttlich-Weiblichen. Durch umfassende Transformation und Wiedergeburt werden wir stark und entdecken das Spirituelle in der Hektik des Alltags.

Durch das Womb Blessing kann die Phase der Alten Frau früher oder später als erwartet eintreten. Die Blutung selbst kann länger oder kürzer, stärker oder schwächer ausfallen. Das passiert, wenn der Zyklus des Körpers sich etwas vom Zyklus des Mondes unterscheidet und der Eisprung und die Menstruation zu einer anderen Mondphase stattfinden.

Dass sich unsere Menstruation an den Mondphasen ausrichtet, spiegelt unseren Weg und unser Ziel wider. Manchmal, wenn wir nicht auf die Alte Frau hören, verstellen sich unser Ziel und unser Zyklus. Dann orientiert die Segnung den Zyklus wieder an seiner authentischen Ausrichtung. Wir können dies als wunderbares Zeichen der Energie auffassen, die sowohl unseren Körper als auch unser Leben heilt und transformiert.

In Kapitel 9 finden sich Anregungen, wie wir in dem Monat nach dem Womb Blessing bewusster mit dem erwachenden und heilenden Archetyp der Alten Frau arbeiten können.

Übung
Die Energien des Neumonds und der Alten Frau zelebrieren

Oft sind die Energien der Alten Frau in den ersten zwei oder drei Tagen der Blutung am intensivsten. Dann ist es wichtig, sich auszuruhen, um die Energie unseres Körpers wieder aufzuladen, sich Zeit für Meditationen und Tagträume zu nehmen, um sich mit der Weisheit der Alten Frau und unseren Herzenswünschen zu verbinden.

Mithilfe der drei folgenden Meditationen kannst du dich mit deinem Seelen-Geist, der in dieser Phase dominiert, verbinden. Wenn du die Gebärmuttersegnung in dieser Phase empfängst, kannst du die Meditationen in den folgenden Tagen wiederholen.

Zünde an den ersten drei Tagen der Blutung eine Kerze an und lies die entsprechende Botschaft des Göttlich-Weiblichen (s. unten).

Entspann dich und lass die Wörter in dich einsinken. Höre, wie ihre Wahrheit in deinen Knochen schwingt.

Entspann dich tiefer und spüre die Liebe und Weisheit der Alten Frau in dir. Wisse, dass du hier und jetzt das Gesicht des Göttlich-Weiblichen berührst.

Erster Tag der Blutung:

- Das Göttlich-Weibliche ist in der Stille und im inneren Gewahrsein anwesend.
- Jeder Ausdruck des Sein, jeder Moment der Stille und des inneren Gewahrseins ist ein Gebet, das dich mit dem Göttlich-Weiblichen verbindet.

Zweiter Tag der Blutung:

- Vergiss, was andere von dir gerade erwarten: Du ruhst im Herzen des Labyrinths.
- Nur die Stimme des Göttlich-Weiblichen ist wichtig.

Dritter Tag der Blutung:

- Indem wir in der Anwesenheit des Göttlich-Weiblichen verweilen, verändern wir uns.
- Nicht von oben nach unten, sondern aus der Tiefe hinaus ins Licht.
- Ruhe nun in der Dunkelheit des Göttlich-Weiblichen und verändere dich.

Diese Botschaften basieren auf *Spiritual Messages for Women* von Miranda Gray

Übersicht über die archetypischen Energien und Assoziationen

Unsere Beziehung zu unserer zyklischen Natur, zu den weiblichen Energien und zum Göttlich-Weiblichen ist etwas sehr Persönliches, aber es gibt auch viele Erfahrungen mit den zyklischen Energien, die allen Frauen gemein sind.

Beim Göttlich-Weiblichen geht es nicht um Regeln und Vorschriften, sondern es geht darum, kreativ zu sein, zu erforschen und zu spielen. Die Erfahrungen und Vorstellungen anderer Frauen können wir als Inspiration nutzen, um unseren eigenen einzigartigen Zyklus und unsere Beziehung mit dem Göttlichen zu erforschen.

Archetyp der Jungen Frau	**Archetyp der Mutter**	**Archetyp der Zauberin**	**Archetyp der Alten Frau**
Phase vor dem Eisprung	Eisprungphase	Prämenstruelle Phase	Menstruation
Zunehmender Mond	Vollmond	Abnehmender Mond	Neumond
Frühling	Sommer	Herbst	Winter
Wachstum/Knospe	Fülle/Blüte	Rückgang/Frucht	Rückzug/Winterschlaf
Junges Mädchen	Fruchtbare Frau	Frau in den Wechseljahren bzw. frühen aktiven Jahre nach der Menopause	Ältere Frau bzw. Frau in den passiven Jahren nach der Menopause
Blumenjungfrau	Erdmutter	Schöne reife Hexe, Zauberin	Alte weise Frau, hässliche Hexe
Wachstum und Wunder	Reife und Erfahrung	Herausforderung und Transformation	Erholung, Reife und Wiedergeburt
Weiß, gelb, hellgrün	Weiß, rosa, dunkelgrün	Intensiv violett, schwarz, dunkelblau	Schwarz, rot, braun, dunkelviolett
Hüterin der Reinheit	Hüterin des Mitgefühls	Hüterin der Wunder	Hüterin der Höhle
Denkender Geist vorherrschend	Fühlender Geist vorherrschend	Unterbewusster Geist vorherrschend	Seelen-Geist vorherrschend
Dynamischer Sex, spielerisch	Reichhaltiger Sex, gefühlvoll	Erotischer oder »bedürftiger« Sex, magisch	Spiritueller Sex, passiv
Idealistisch, intellektuelle Spiritualität	Liebe, auf Menschen basierende Spiritualität	Magie, irdische Spiritualität	Universell, auf Einssein basierende Spiritualität
Listen erstellen, strukturieren, planen	Kochen, Dinge erstellen	Inspirierte Bilder malen, intuitive Lyrik schreiben, tanzen	Tagträumen, auf Herz und Seele hören
Projekte beginnen	Projekte unterstützen	Projekte überprüfen	Ruhen und reflektieren

Übung
Intime Energiepunkte der Archetypen

Bei einer *Gebärmutterheilung mit Harmonisierung der weiblichen Energie* arbeiten Moon Mothers mit archetypischen Energiepunkten, die ein Netz oder Tor als Zugang zum Schoßenergiezentrum bilden. Auf diese Weise werden die Verbindung und der Fluss zwischen den Archetypen ausgeglichen, um den Zyklus zu harmonisieren oder um den Prozess der Verschmelzung auf dem Weg in die Menopause zu erleichtern.

Aber es gibt weitere intimere Energiepunkte, die wir zur Selbstheilung nutzen können, um die Archetypen und insbesondere ihre sexuellen Schwingungen zu energetisieren.

Bei der Meditation atmen wir lange und langsam ein und entspannt wieder aus.

- Setze oder lege dich entspannt hin.
- Lenke deine Achtsamkeit auf deine Klitoris. Während du langsam die Energie der Erde einatmest, sage in Gedanken: »Junge Frau.«
- Atme langsam aus.
- Lenke deine Aufmerksamkeit auf deinen G-Punkt im Eingang zur Vagina. Atme langsam ein und sage in Gedanken: »Mutter.«
- Lenke deine Aufmerksamkeit auf deinen Gebärmutterhals, den Eingang zur Gebärmutter. Atme langsam ein und sage in Gedanken: »Zauberin.«
- Atme langsam aus.
- Lenke deine Aufmerksamkeit auf die Gebärmutter und die Eierstöcke. Atme langsam ein und sage in Gedanken: »Alte Frau.«
- Atme langsam aus.
- Lass die Energie in der Gebärmutter und den Eierstöcken ruhen, während du normal weiteratmest.
- Wiederhole die Sequenz einige Male.

Frauen, die diese Meditation praktizieren, kommen häufig leichter zum Orgasmus oder empfinden ihn anders, besonders wenn sie in den Wechseljahren sind.

Zyklen innerhalb von Zyklen: Die archetypischen Energien verbinden

Der Mond über uns, der Mond in uns

Der Menstruationszyklus beeinflusst erwachsene Frauen stark, und zwar auf allen Seinsebenen. Wenn Stress nicht gerade unsere Reaktionen beeinflusst, dann werden unser Denken, Fühlen und Verhalten von der momentanen Phase und den damit einhergehenden Bewusstseinsebenen und Fähigkeiten bestimmt.

Außerdem unterliegen wir alle einem weiteren Einfluss, und das ist die Auswirkung des Mondes. Einige sind sich der Wirkung der Mondphasen bewusst, besonders wenn sie den eigenen Zyklusphasen entsprechen, denn sie können bestimmte Gefühle und Erlebnisse verstärken. Der zunehmende Mond beispielsweise ist mit den Energien der Jungen Frau in der Phase vor dem Eisprung assoziiert. Wenn diese beiden Phasen aufeinandertreffen, erleben wir möglicherweise intensivere dynamische Energien, ein stärkeres Verlangen, Neues zu beginnen, und intensivere Gefühle der Erneuerung und Wiedergeburt. Ein Eisprung zu Vollmond kann unsere archetypischen Muttergefühle von Sanftheit, Mütterlichkeit, Mitgefühl und Empathie verstärken. Der abnehmende Mond in der prämenstruellen Phase hingegen kann die Magie, Intuition und Spiritualität der Zauberin verstärken. Schließlich bereichert der Neumond zum Zeitpunkt der Menstruation den Rückzug der Alten Frau und nimmt uns mit tief hinab in unser Seelenbewusstsein und das universelle Gewahrsein.

Frauen, deren Zyklus nicht synchron mit den Mondphasen verläuft oder unregelmäßig ist, erhalten ein wunderbares Geschenk: Sie erleben, wie verschiedene archetypische Energien miteinander verschmelzen. Es ist wie bei einem Maler, der Farben mischt, um neue aufregende Farben zu erschaffen. Eine reiche Palette an Erfahrungen entsteht, wenn die eigene archetypische Energie mit einer anderen archetypischen Energie des Mondes verschmilzt. Beispielsweise kann eine Frau in der Phase der Jungen Frau zu Vollmond bemerken, dass ihre Energien der Jungen Frau sanfter werden und ihre Handlungen und Ziele eine altruistischere Richtung nehmen.

Ein Zyklus, der nicht synchron mit den Mondphasen verläuft, bietet uns wunderbare, facettenreiche Erfahrungen mit einzigartiger Inspiration und

Weisheit über das Göttlich-Weibliche und tieferen Einsichten in die wunderschöne Kreativität und Komplexität von Frauen.

Jahreszeiten trommeln, Zyklen tanzen

Auch die Jahreszeiten beeinflussen, wie wir uns im Verlauf des Zyklus fühlen. Die vier Jahreszeiten spiegeln die Energien der vier Mondphasen und des Menstruationszyklus wider.

Jede Jahreszeit umgibt uns mit Energien eines der vier Archetypen. Wenn wir noch einen Zyklus haben, kann es unsere Erfahrungen mit dem jeweiligen Archetyp in unserem Zyklus bereichern. Zum Beispiel kann der Winter die Rückzugsenergien der Phase der Alten Frau in unserem Menstruationszyklus verstärken, sodass wir Winterschlaf halten wollen. Die beschleunigenden Lebenskräfte des Frühlings können uns in der dynamischen Phase der Jungen Frauen vor dem Eisprung aufgeschlossener machen. Die Energien der Fülle im Sommer können in der Mutterphase rund um den Eisprung das Herz öffnen. Und schließlich können die wilden Energien des Herbstes in der prämenstruellen Zauberinnenphase das starke Gefühl hervorrufen, magisch und kreativ zu sein.

Auch auf die Phasen, die nicht direkt mit der Jahreszeit assoziiert sind, können beeinflusst werden. Beispielsweise können die dynamischen Energien des Frühlings sich während der Menstruation mit den Energien der Alten Frau verbinden, wodurch wir zur »Dynamischen Alten« werden. Im Sommer beeinflussen uns die Energien der Mutter in der Erde und machen aus uns die »Liebende Alte«. Mit den Menstruationen im Herbst drücken wir die »Mystische Alte« aus, um im Winter wieder zum reinen Stadium der Alten Frau zurückzukehren.

In Wüsten, Gebirgen und in subtropischen Zonen reagiert das Land anders auf die Jahreszeiten als im gemäßigten Klima. Mythen und Brauchtum der Region, Feiern und Rituale, eigene Beobachtungen und die Intuition können dann helfen, die örtlichen archetypischen Energien zu erkennen. Die Übungen in diesem Buch können leicht abgewandelt auch die Arbeit mit den vier Jahreszeiten im gemäßigten Klima unterstützen. Frauen aus anderen Klimazonen können sie nutzen, um daraus ihren eigenen Weg zu erschaffen, um sich mit den jahreszeitlichen archetypischen Energien zu verbinden.

Unsere zyklischen Erfahrungen sind eine wunderbare, komplexe und einzigartige Kombination der Göttlich-Weiblichen Energien. Die Einflüsse der Zyklen unseres Körpers, des Mondes und der Erde addieren sich. So können wir beispielsweise den Effekt der »Dreifachen Alten« erleben, wenn wir zu Neumond im Winter menstruieren, oder den Effekt der »Doppelten Mutter«, wenn wir bei Vollmond einen Eisprung haben. Die Archetypen bilden einen fundamentalen Teil unseres Lebens – ob wir uns dessen bewusst sind oder nicht. Gemeinsam geben sie uns die Möglichkeit, unser Wohlbefinden zu verbessern und die eigene Kreativität und spirituelle Einsicht zu erweitern.

Die Archetypen bei nicht zyklischen Frauen

»Was interessieren mich die Archetypen? Ich habe keinen Zyklus mehr!«

Es ist seltsam, dass für viele Frauen die Gebärmutter zu einem unwichtigen und unbeachteten Körperteil wird, nachdem der Zyklus aufgehört hat. Es ist ein trauriger Ausdruck der modernen Gesellschaft, dass der Gebärmutter reifer Frauen keine Bedeutung beigemessen wird, es sei denn, die Wechseljahre verursachen störende Symptome. Aber selbst wenn wir kein Kind mehr gebären können, besitzen wir noch immer unser Schoßenergiezentrum und die vier weiblichen Archetypen und ihre Energien bleiben in uns. Eine zyklische Frau drückt diese Archetypen in ihren Zyklusphasen aus. Für die postmenopausale Frau sind die archetypischen Energien ein intrinsischer Weg zu sich selbst und die Quelle ihrer »magischen« Kräfte.

Was passiert bei der Menopause? Vollendung finden

Stell dir einen Lampenschirm mit vier unterschiedlich gefärbten Seiten vor. Zyklische Frauen reisen außen um den Lampenschirm herum; das Leben wird von den Farben der Seiten gefärbt. Unser Erleben wird bestimmt durch die Wahrnehmung und die Energien der Archetypen der jeweiligen Phase. Wenn wir nicht mehr zyklisch sind, werden wir stattdessen zur Lichtquelle im Zentrum des Lampenschirms; wir beinhalten alle vier Farben im weißen Licht.

Die vier weiblichen Archetypen stehen für die Art zu denken und die Welt wahrzunehmen. Bei zyklischen Frauen verändert sich die vorherrschende Art der Wahrnehmung, während wir durch die verschiedenen Phasen reisen. Frauen nach der Menopause bietet sich eine ganz andere Möglichkeit: Wir können im Zentrum unserer Achtsamkeit in einem fünften Stadium des Frauseins stehen, während wir alle vier Archetypen gleichzeitig verkörpern. Wir werden zur Vollendeten Frau, wir verkörpern die Gesamtheit unseres Zyklus, die Gesamtheit des Mondzyklus und die Gesamtheit des Jahreszeitenzyklus. Wir sind vollständig in unserem Sein, besitzen die Weisheit der Alten Frau, die Lebhaftigkeit der Jungen Frau, die selbstlose Liebe der Mutter und die magische Kreativität der Zauberin.

Wie das Womb Blessing helfen kann, zur Vollendeten Frau zu werden

Der Weg hin zur Vollendeten Frau beginnt mit den Wechseljahren und setzt sich fort, nachdem der Menstruationszyklus aufgehört hat. Leider verwirklichen viele Frauen dieses wunderschöne fünfte Stadium nicht vollständig, weil es noch unerfüllte Aspekte ihres zyklischen Weges gibt. Damit aus einem Regenbogen weißes Licht wird, müssen alle Farben darin vorhanden, klar und ausgeglichen sein.

Wenn wir von unserer zyklischen Natur getrennt leben, bleiben Aspekte der Archetypen und ihrer Energien unausgelebt und unausgedrückt. Während des Wandels von der zyklischen zur nicht zyklischen Weiblichkeit drängen Aspekte der Archetypen an die Oberfläche, die wir zuvor nicht voll angenommen haben, damit wir sie nun anerkennen und in unser Sein integrieren. Dies zeigt sich manchmal darin, dass Frauen in den Wechseljahren ihren Partner oder die Familie für einen jüngeren Mann verlassen – weil sie ihre wilden sexuellen Zauberinnenenergien nicht genug ausgelebt haben. Andere Frauen entscheiden sich plötzlich, noch einen Universitätsabschluss zu machen, weil sie die intellektuellen Energien der Jungen Frauen nicht vollständig umgesetzt haben. Wieder andere geben gut bezahlte Jobs auf, um einen fürsorglichen, pflegenden Beruf zu ergreifen, mit dem sie den unterdrückten Archetyp der Mutter ausleben können. Oder sie reisen durch die Welt auf der Suche nach Spiritualität, um die schlafenden spirituellen Energien der Alten Frau zu wecken.

Der Wandel zur Vollendeten Frau kann ein beängstigender und verwirrender Weg sein, wenn wir nicht die Bedürfnisse und Energien jedes Archetyps erkennen und herausfinden, wie wir sie sanft in unser Leben integrieren, ohne dass es zu Verwerfungen kommt. Manche Frauen entwickeln sich nie ganz zur Vollendeten Frau, selbst wenn ihr letzter Zyklus schon Jahre her ist. Grund dafür ist, dass Aspekte der Archetypen und ihrer Energien unterdrückt bleiben, entweder durch Überzeugungen und Erfahrungen der Frau selbst oder durch die Kultur und die Gesellschaft.

In den Wechseljahren und danach erwächst Zuversicht aus dem **Wissen um die archetypischen Energien**. Kraft entsteht durch das **Erkennen dieser Energien, wenn sie auftauchen**, sowie durch die **Fähigkeit, ihre Bedürfnisse zu befriedigen**. Ohne einen sich wiederholenden Zyklus kann ein Archetyp für Wochen oder sogar Monate dominieren. Er kann auch einen Tag vorherrschen – oder wir spüren, dass zwei oder mehr Archetypen an einem Tag durch uns hindurchfließen!

Ohne ein Verständnis der Archetypen fühlen wir uns möglicherweise, als würden wir die Kontrolle verlieren, als würde unser Selbst kollabieren. Nachdem unser Zyklus aufgehört hat oder unregelmäßig geworden ist, sollten wir verstärkt im Einklang mit dem Mondzyklus leben, um eine liebevolle Beziehung zu jedem einzelnen Archetyp aufzubauen. So können wir ihre Energien leichter und ohne Angst oder Verwirrung in unser Leben einlassen und im Alltag ausdrücken. Auch kann es hilfreich sein, sich mit dem Schoßzentrum zu verbinden, um es als erstaunliche Quelle der weiblichen Energien und Sitz der weiblichen Seele anzuerkennen.

Das Womb Blessing ist für Frauen in den Wechseljahren
und danach ebenso wichtig wie für zyklische Frauen.

Mithilfe der Gebärmuttersegnung wird der Weg von der Zyklischen zur Vollendeten Frau harmonischer, wir werden ausgeglichener, können uns selbst akzeptieren und finden Kraft. Wir sollten nicht warten, bis der Druck des Archetyps, den wir befreien müssen, immer größer wird, bis die Intensität seines Wunsches nach Ausdruck unser Leben stört – jede Gebärmuttersegnung aktiviert diese Aspekte, sodass wir sie sanft annehmen und anmutig in kleinen Dingen des Alltags ausdrücken können.

Mit dem Womb Blessing können wir unser Leben und unsere weibliche Erblinie von alten Mustern der Angst und Einschränkung befreien, können fehlende Aspekte der Archetypen aktivieren. Dann spüren wir, dass die Form von Weiblichkeit, die wir entwickeln oder bereits entwickelt haben, genauso wunderbar, schön, wertvoll und kraftvoll ist wie die einer fruchtbaren Frau.

Die *Gebärmutterheilung mit Harmonisierung der weiblichen Energie* durch eine Moon Mother kann diese Reise hin zur Vollendung unterstützen. Moon Mothers arbeiten mit den Energiepunkten der Archetypen im Körper, um Blockaden zu lösen und die Energie der archetypischen Aspekte wiederherzustellen, die in unserem Leben **bereits aktiv** sind. Diese Heilung hilft, den Energiefluss zwischen den Archetypen sanft auszugleichen und zur Vollendeten Frau zu verschmelzen. Fortgeschrittene Moon Mothers bieten ein Womb Blessing Mentoring an, das besonders Frauen während der Wechseljahre unterstützt.

Menopause bedeutet zu wachsen und erwachsen zu werden

Als Vollendete Frau sind wir die endgültige Form der menschlichen Weiblichkeit. Vollendete Frauen in der Zauberinnenphase ihres Lebens nehmen als Mentorinnen aktiv am Leben teil und gestalten die Zukunft. In der Phase der Alten Frau stehen Vollendete Frauen außerhalb der Gesellschaft, sie sind Wächterinnen der spirituellen Weisheit, haben die Stille inne und führen zum Einssein.

Während die Phase der Jungen Frau einer Linie, die Mutterphase einem Kreis und die Zauberinnenphase einer Spirale entspricht, ist **das letzte Stadium der weiblichen Reifung der einzelne Punkt der Alten Frau**.

Übung
Die weiblichen Energien wecken – Kesselatmung

Diese Atemübung arbeitet mit den körperlichen Aspekten des Schoßzentrums (Kessel genannt), damit die Energie zum Zentrum und in ihm fließt. Ein energetisiertes Schoßzentrum hilft Frauen in oder nach den Wechseljahren, sich zentriert, stark, ruhig, vollendet und ganz zu fühlen. Es weckt zudem die sexuellen Energien und macht sie verfügbarer.

Die Übung konzentriert sich auf die drei Archetypen des Lichts: Junge Frau, Mutter und Zauberin. Die vierte Phase, die Phase der Alten Frau, liegt in der Stille zwischen Ein- und Ausatmen.

- Atme leicht ein. Spanne dabei die Muskeln im Unterbauch leicht an, sodass der Bauch etwas nach innen gezogen wird. Sage in Gedanken: »Junge Frau.«
- Atme noch etwas ein und spanne dabei die Bauchmuskeln etwas mehr an. Sage in Gedanken: »Mutter.«
- Atme noch etwas ein und spanne dabei die Bauchmuskeln noch mehr an. Sage in Gedanken: »Zauberin.«
- Pause. Sage in Gedanken: »Alte Frau.«
- Atme in drei Schritten aus und entspanne sanft den unteren Bauch.

Die Kesselatmung kann mehrmals pro Sitzung wiederholt und mehrmals täglich praktiziert werden. Dafür ist kein besonderer Rahmen notwendig. Sie sollte zur täglichen Praxis werden. Dann werden die Muskeln im Unterbauch fester und kräftiger.

Besonders **in den Wechseljahren und vor der Menstruation** kann diese Atmung sehr unterstützend und energetisierend wirken.

Vollendung: Die Archetypen jeden Tag ausgleichen

Nach der Menopause sind alle vier Archetypen gleichermaßen für uns zugänglich. Um sie zur Vollendung zu verschmelzen, können wir uns bewusst mit jedem einzelnen verbinden und willentlich die entsprechenden Energien in kleinen Aktivitäten des Alltags zum Ausdruck bringen.

Junge Frau: intellektuelle Aufgaben erledigen und körperlich aktiv sein.

- Zehn Minuten pro Tag Abrechnung machen oder kurz spazieren gehen.

Mutter: sich auf das Herz fokussieren und Liebe durch fürsorgliche Aktivitäten geben.

- Zehn Minuten pro Tag im Garten arbeiten oder jemanden mit einer Tasse Kaffee überraschen.

Zauberin: ein kreatives Projekt bearbeiten und Zeit mit spirituellen Aktivitäten verbringen.

- Zehn Minuten pro Tag ein Gedicht schreiben oder ein Mandala malen.

Alte Frau: Ausruhen und der Stimme des Herzens lauschen.

- Zehn Minuten pro Tag Achtsamkeitsmeditation oder einfach die Augen schließen.

Wenn wir alle vier Archetypen jeden Tag bewusst ausdrücken, dann spüren wir, wie sie ein Teil unseres Selbst werden. Wir fühlen uns gut, weil wir den Bedürfnissen der Archetypen gerecht werden und unsere authentische weibliche Natur Ausdruck findet.

Essenziell für das Wohlbefinden in den Wechseljahren:

Wir brauchen vier Portionen Archetypen jeden Tag:
Je eine Portion Junge Frau, Mutter, Zauberin und Alte Frau.

Bekommst du jeden Tag vier Portionen?!

Die Welt braucht die Schönheit und Weisheit der Vollendeten Frau

Jede Frau ist einzigartig, dennoch haben wir vieles gemeinsam. Während wir mit den Archetypen arbeiten, können wir unsere Erfahrungen und ihre Energien teilen. Auf diese Weise werden andere Frauen spüren, wie ihre eigenen inneren Archetypen in Resonanz gehen, und ihren Ruf vernehmen. Wir können auf Frauen ohne Zyklus zugehen und sie einladen, mit uns den Weg der weltweiten Gebärmuttersegnung zu gehen, damit sie alle Aspekte ihrer authentischen Weiblichkeit erwecken und annehmen können. Wir können ihnen helfen zu spüren, dass ihre Weiblichkeit ein Geschenk darstellt, dass die Transformation zur Vollendeten Frau ein magischer Prozess ist, der Kraft verleiht, und dass die Gebärmutter mehr als ein simples Organ ist, nämlich ein heiliges Energiezentrum, das unsere Seele, unsere Kreativität und Spiritualität umfasst.

Die Welt braucht die Schönheit und Weisheit der Vollendeten Frauen, denn sie besitzen Tiefe und Einsicht, Magie und Kreativität und sie sind als die natürlichen Repräsentantinnen mit dem Göttlich-Weiblichen verbunden.

Die Welt braucht Frauen, die sowohl der Regenbogen
als auch das weiße Licht sind.

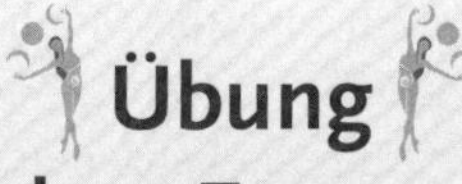

Übung
Die Vollendete Frau annehmen – die Gaben ihrer vier Gesichter willkommen heißen

Die Archetypen sind mit dem Menstruationszyklus, den Lebensstadien von Frauen, den Mond und den Jahreszeiten assoziiert, aber auch mit den vier Himmelsrichtungen. Dieses tägliche Ritual kann dir helfen, die Archetypen in dir zu erkennen und ihre Gaben in dein Leben zu integrieren.

- Stelle dich mit den Gesicht nach Osten aufrecht hin und strecke die Arme aus.
- Sage laut: »Ich habe die Klarheit der Jungen Frau.«
- Wende dich nach Süden und sage: »Ich habe die Liebe der Mutter.«
- Wende dich nach Westen und sage: »Ich habe die Magie der Zauberin.«
- Wende dich nach Norden und sage: »Ich habe die Ruhe und den Frieden der Alten Frau.«
- Hebe die Arme über den Kopf uns sage:
  - »Ich bin alle diese Aspekte.
  - Ich bin der gesamte Mondzyklus, der gesamte Jahreszeitenzyklus, der gesamte Lebenszyklus und der gesamte Sternenzyklus **in einem**.«
- Kreuze die Hände über dem Herzen und sage:
  - »Ich bin eine vollendete Frau in meinem Inneren.«

Sei dir bewusst, dass du eine erstaunliche Frau voller Kraft, Energie, Magie und Liebe bist.

Frauen ohne Zyklus

Ohne Zyklus mit dem Mond tanzen

Nach den Wechseljahren, wenn der zyklische Einfluss der Hormone entfällt, kann der Mondzyklus an Bedeutung und Einfluss gewinnen. Frauen, deren Zyklus unregelmäßig oder gegengleich zu den Mondphasen war (mit dem Eisprung zu Neumond), erhalten nun die Möglichkeit, in Einklang mit den archetypischen Energien des Mondes zu leben. Vielleicht bemerken sie diesen Wandel zunächst nicht, aber wenn sie beginnen, achtsam im Rhythmus des Mondes zu leben, werden ihre inneren weiblichen Archetypen leichter zugänglich und ausgeglichener, wodurch Gefühle der Vollendung entstehen.

Jede Frau ohne Zyklus kann die Übungen zu den weiblichen Archetypen in Verbindung mit den Mondphasen praktizieren – Frauen nach der Menopause, Schwangere, Frauen, die hormonell verhüten oder keine Gebärmutter haben. Frauen mit unregelmäßigem Zyklus können die Übungen helfen, die **Veränderungen zu fördern und das Erwachen durch die Gebärmuttersegnungseinstimmung zu unterstützen.**

Alle Frauen ohne Zyklus können in Harmonie mit den vier weiblichen Archetypen leben, indem sie mit dem Zyklus des Mondes tanzen. Das bedeutet lediglich, dass sie Aktivitäten in ihr Leben einbauen, die mit dem Archetyp der jeweiligen Mondphase in Resonanz gehen.

Den Mondzyklus leben: Die Phase der Alten Frau

Drei Tage vor Neumond bis drei Tage nach Neumond.

Die Energien der Alten Frau sind in der Zeit um den Neumond am stärksten. Nach ein paar Tagen verwandeln sie sich in die immer dynamischeren Energien der Jungen Frau. Wie eine zyklische Frau ruhen wir während der Dunkelheit der Energien der Alten Frau und nutzen die Zeit, um zu meditieren, nachzudenken und dem Einssein mit dem Universum nachzuspüren. Wir bewegen uns langsam, essen einfach und lassen uns Zeit für die innere Führung.

Den Mondzyklus leben: Die Phase der Jungen Frau

Drei Tage nach Neumond bis drei Tage vor Vollmond.

Je nachdem, wie die Erde zur Sonne steht, erscheint die Mondsichel anderthalb bis dreieinhalb Tage nach Neumond am Himmel. Dann fließen die Energien der Jungen Frau. Wie im Menstruationszyklus beginnen sie langsam, manchmal erleben wir Tage des Übergangs, in denen wir sowohl die Energien der Alten Frau als auch der Jungen Frau in uns spüren. Wir folgen dem Licht auf dem Gesicht des Mondes und werden zunehmend aktiv in der Welt, bewegen uns, beginnen Projekte und lernen Neues. Wie eine Frau in der Phase vor dem Eisprung erledigen wir vielfältige Aufgaben und nehmen die Welt mit Zuversicht!

Den Mondzyklus leben: Die Phase der Mutter

Drei Tage vor Vollmond bis drei Tage nach Vollmond.

In der Zeit um Vollmond sind die Mutterenergien am stärksten. Wenige Tage nach Vollmond wandeln sie sich in die zunehmend auf die innere Welt ausgerichteten Energien der Zauberin. Wie die Phase des Eisprungs bringt uns diese Phase Energien der Fülle, des Strahlens, der Liebe und Fürsorge. Es ist die Zeit, in der wir auf andere zugehen, um Unterstützung anzubieten und unsere Dankbarkeit und Liebe zu zeigen. Wir bewegen uns mit sinnlicher Anmut, berühren andere, sind zufrieden und fühlen uns ganz.

Den Mondzyklus leben: Die Phase der Zauberin

Drei Tage nach Vollmond bis drei Tage vor Neumond.

Das Bild des abnehmenden Mondes schwingt tief in uns, es ist ein Bild der Magie und Dunkelheit. Es verkündet die Zeit der zunehmenden Ruhe und Spiritualität, der Intuition und inspirierten Kreativität. Wie in der prämenstruellen Phase empfinden wir sexuelle Sinnlichkeit, zunehmende innere Stille und den Wunsch, unsere Spiritualität und Kreativität auszudrücken, die durch uns hindurchfließen.

Archetyp der Jungen Frau	**Archetyp der Mutter**	**Archetyp der Zauberin**	**Archetyp der Alten Frau**
Zunehmender Mond	3 Tage vor bis 3 Tage nach Vollmond	Abnehmender Mond	3 Tage vor bis 3 Tage nach Neumond
Planen, aktiv sein, Projekte beginnen	Anderen besonders viel Fürsorge und Unterstützung entgegenbringen	Zeit mit kreativen oder spirituellen Aktivitäten verbringen	Ruhen, über den Monat und den künftigen Weg nachdenken
Tanzen, körperlich aktiv sein	Sich mit der Natur verbinden	Altes loslassen	Für sich selbst und den eigenen Körper sorgen
Gerichtete Meditation (eine Kerze betrachten)	Gehmeditation (Sinneseindrücke und Erfahrungen der Umgebung achtsam wahrnehmen)	Meditation mit Visualisierung (eine Szenerie visualisieren und hindurchreisen)	Meditation der inneren Mitte (den Atem beobachten)
Spielerischer oder flirtender Sex	Romantischer oder sinnlicher Sex	Experimentierfreudiger oder beruhigender Sex	Meditativer oder spiritueller Sex

Ohne Zyklus mit den Jahreszeiten tanzen

Einige Frauen ohne Zyklus spüren die sich ändernden Energien der Jahreszeiten deutlicher als die Energien der Mondphasen. Sie können den Weg der Archetypen in den Jahreszeiten wählen, um die eigenen archetypischen Energien besser zu verstehen, auszudrücken und auszugleichen.

Archetyp der Jungen Frau	**Archetyp der Mutter**	**Archetyp der Zauberin**	**Archetyp der Alten Frau**
Frühling	Sommer	Herbst	Winter
Die Erdmutter ist jung und blüht	Die Erdmutter ist sexuell aktiv und gebärt	Die Erdmutter bereitet den Boden und sät den Samen für zukünftiges Wachstum	Die Erdmutter menstruiert und ruht

Archetyp der Jungen Frau	Archetyp der Mutter	Archetyp der Zauberin	Archetyp der Alten Frau
Die Natur erwacht	Die Natur ist fruchtbar und reichhaltig	Die Natur beginnt zu schlafen	Die Natur ruht und lädt ihre Energien auf
Projekte beginnen, aktiver sein, Spaß haben	Für andere sorgen, praktisch und unterstützend wirken	Raum schaffen, die Intuition nutzen, inspiriert und kreativ sein	Ruhen, auf die Weisheit der eigenen Seele hören

Das Leben leben, um Vollendung zu finden

Wann immer wir mit den weiblichen archetypischen Energien arbeiten, ist es wichtig, dass wir auf unsere Gefühle und unseren Körper hören und uns von ihnen zu unserer einzigartigen Beziehung zum Göttlich-Weiblichen leiten lassen. Wir sollten aber auch nachts aufschauen, um die Mondphase zu sehen, und uns in der Natur bewegen, um ihre Energien zu spüren. Und wir sollten auf unsere Gebärmutter und unsere Herzenswünsche hören.

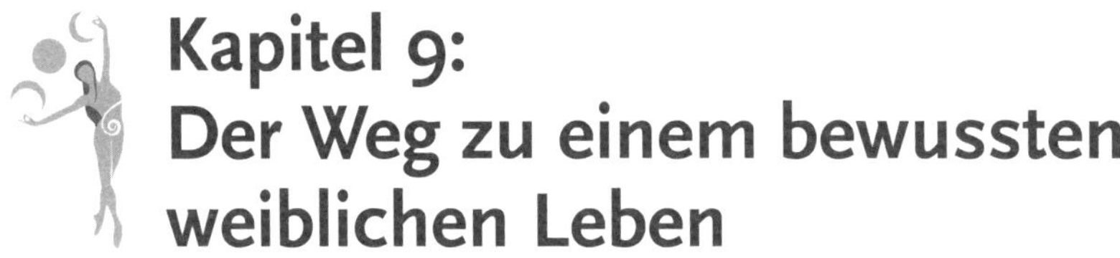

Kapitel 9: Der Weg zu einem bewussten weiblichen Leben

»Ich bin ganz!«, rief die Erste Frau und wirbelte den Gürtel mit den Kraftobjekten umher.

Sie wandte sich zur Alten Winterfrau um und fragte: »Was soll ich jetzt tun?«

Die Alte Winterfrau sog kräftig an ihrer Pfeife und lächelte. »Was immer du willst«, antwortete sie.

Zwischen den Segnungen: Die authentische Weiblichkeit leben

Während wir nach der Segnung durch die einzelnen Phasen unseres Zyklus reisen, löst die Energie Einschränkungen auf und öffnet unser Bewusstsein, damit wir die Archetypen ein Stück weiter annehmen können. Um diesen Prozess der Erweckung zu unterstützen, können wir bewusst mit dem Archetyp der jeweiligen Phase arbeiten, um seine Anwesenheit anzuerkennen. Wir können das Geschenk entdecken, das die Archetypen für uns bereithalten, und ihren wunderbaren Energien in unserem täglichen Leben Ausdruck verleihen.

Den Weg gehen: Eine Reise für alle Frauen

Warum soll ich diesen Weg gehen?

Der Weg des Womb Blessing umfasst eine Serie von Aktivitäten, die am Menstruationszyklus sowie dem Zyklus des Mondes und der Jahreszeiten ausgerichtet ist. Dadurch können Frauen mit oder ohne Zyklus bewusst mit den vier archetypischen Energien arbeiten.

Der Weg ist so ausgelegt, dass er die Gebärmuttersegnung unterstützt, er kann aber von jeder Frau zu jeder Zeit begangen werden.

Der Weg hilft **allen Frauen**:

- Die energetischen Veränderungen durch die Segnung werden im Körper und im Leben verankert.
- Der Prozess der Geburt nach der Segnung wird genährt und unterstützt.
- Die Veränderungen und Heilung während der Geburt werden angenommen und zelebriert.
- Zwischen den Gebärmuttersegnungen wird eine liebende, ausdrucksstarke und harmonische Beziehung zum Schoßzentrum, zu den Archetypen und dem Göttlich-Weiblichen aufgebaut.
- Die Verbindung zu den Archetypen bleibt den gesamten Monat über erhalten.
- Zwischen den Segnungen entstehen Vertrauen und Kraft, um zu wachsen.
- Der Zyklus wird harmonischer und ausgeglichener.

Der Weg des Womb Blessing hilft uns, zu wachsen und in einen liebevollen Dialog zwischen uns und unserem Schoßzentrum, den Archetypen und unserer zyklischen Natur zu treten.

Auf dem Weg des Womb Blessing unterstützen wir die Veränderungen, die die Segnungseinstimmung bewirkt hat. Zwischen den Segnungen wachsen und heilen wir und wir entdecken, wie wir Liebe, Freude, Wohlbefinden und Erfüllung finden können – in jeder Phase und in jedem Monat.

Die Schlüssel sind:

- Erlaube dir, du selbst zu sein.
- Erlaube dir, dich selbst in jeder Phase auszudrücken.
- Tue in jeder Phase etwas, das im Einklang mit den Energien deines Archetyps steht.
- Alles geht vorbei – genieße daher die Gaben, solange du sie besitzt, und erkenne, dass alle Herausforderungen vorübergehen werden.
- Die Welt macht es Frauen noch nicht einfach, ein bewusstes weibliches Leben zu leben. Bleibe daher realistisch und flexibel.
- Nimm deinen Körper, deine Art zu denken und zu fühlen achtsam wahr. Auf diese Weise wirst du die Archetypen in dir erkennen.
- Erschaffe deine persönliche Sprache und eigene Bilder für die Archetypen.

Den Weg des Womb Blessing gehen, wenn du einen Menstruationszyklus hast

Der Einfachheit halber dauert der Weg des Womb Blessing 28 Tage. Das entspricht der *durchschnittlichen Zykluslänge* – wobei der natürliche Zyklus vieler Frauen länger oder kürzer ist.

Wenn dein Zyklus länger oder kürzer ist, dann erkennst du die energetische Veränderung möglicherweise Tage vor oder nach dem Tag, der hier genannt ist. Aber keine Sorge – der Weg ist wie ein Tanz. Bleibe flexibel und passe dich an. Dein Körper und deine Intuition werden dir sagen, was du tun musst. Wenn es sich richtig anfühlt, weiterzuspringen, dann praktiziere die Übungen der nächsten Phase. Fühlt es sich gut an, die bisherigen Aktivitäten zu wiederholen, dann genieße sie erneut. Wenn dich die Aktivitäten aus einer völlig anderen Phase ansprechen, dann tue sie, wenn du dich dabei gut fühlst.

Um auf diesem Weg mit dem Göttlich-Weiblichen zu tanzen, gibt es keine Regeln – nur eine Richtlinie: Fühlt sich etwas gut an, dann zeigt dir deine Intuition, dass die Aktivität oder der Gedanke in Einklang steht mit dem Archetyp deiner aktuellen Zyklusphase.

Den Weg des Womb Blessing gehen, wenn du keinen oder einen unregelmäßigen Menstruationszyklus hast

Ohne oder mit unregelmäßigem Zyklus kannst du den Weg gehen, indem du den Empfehlungen in der Mondphase folgst, die mit dem jeweiligen Archetyp assoziiert ist. Die Mondphase ist in der Überschrift angegeben. Auch Frauen, die keinen Zyklus haben, weil sie schwanger sind oder stillen, können einen Energiezyklus in ihrem Körper wahrnehmen.

Die Übung mit der Fokusschale

Wenn wir beginnen, bewusst den Weg unseres Menstruationszyklus zu gehen, wissen wir vielleicht nicht genau, wohin die Reise gehen wird, wo wir waren und wer wir sind. Auf dem Weg des Womb Blessing werden wir mit den Gebärmutterschalen arbeiten – das sind die Schalen, die wir bei der Gebärmuttersegnung benutzen –, denn sie helfen uns zu erkennen, wie wir uns verändern.

Du brauchst die beiden Gebärmutterschalen, etwa 14 weiße und 14 dunkle Steine. Spüle die Steine unter fließendem Wasser ab, lass sie trocknen und lege alle bis auf einen in die Gebärmutterschalen. Nimm den kommenden Monat lang jeden Morgen aus der einen Schale einen Stein – ob dunkel oder hell hängt von deiner Phase ab – und lege ihn in die andere Schale, die wir nun Fokusschale nennen.

Der Menstruationszyklus ist eine Reise von der äußeren in die innere spirituelle Welt und wieder zurück. Er ist ein täglicher Weg der sich verändernden dynamischen und empfänglichen Energien, die sich im zunehmenden und abnehmenden Mondlicht spiegeln. Die schwarzen und weißen Steine, deren Zahl in der Fokusschale zu- und abnimmt, hilft uns, die graduellen Veränderungen zu erkennen.

Während du auf dem Weg des Womb Blessing reist und deine Steine in die Fokusschale legst, wirst du dir der wunderbaren fließenden Natur deines Zyklus bewusst und erkennst, wie du vom Licht zur Dunkelheit und zurück ins Licht tanzt.

Phase des Neumonds und der Alten Frau, Zyklustage 1–6

In der liebevollen Dunkelheit schenkt dir das
Göttlich-Weibliche die Kraft, dein Vertrauen und
deine Stärke zu erneuern.

Um zu empfangen:

Sei einfach da.

Nichts in der äußeren Welt ist wichtig.

Auf der Grundlage von *Spiritual Messages for Women* von Miranda Gray.

Zyklische Frauen	Menstruationszyklus	Menstruationsphase: ungefähr Zyklustage 1–6
Nicht zyklische Frauen	Mondzyklus	Neumond: 3 Tage vor bis 3 Tage nach Neumond
	Jahreszeitenzyklus	Winter

Warten in der Dunkelheit

Heute sitzen wir in der Dunkelheit im Zentrum des Labyrinths. Obwohl es der erste Tag des Zyklus ist, beginnt heute nicht der energetische Zyklus – dies geschieht im Frühling, bei Neumond und zu Beginn der Phase vor dem Eisprung. In diesem Moment warten wir, ruhen uns aus und genießen den Rückzug von der Welt.

Zyklustag 1: Die Schale der Alten Frau

Das brauchst du dazu:

- eine Gebärmutterschale – Fokusschale genannt
- eine Gebärmutterschale mit 14 weißen und 14 schwarzen Steinen oder mehr, je nach Zykluslänge

Setze dich am **Abend** mit der Fokusschale im Schoß hin.

Schließe deine Augen und lenke deine Aufmerksamkeit auf dein Schoßzentrum. Siehe, wisse oder fühle, dass ein wunderschöner Kessel in deinem Becken ruht. Verweile bei diesem Bild und öffne dich für Erfahrungen oder Gefühle, die es hervorruft.

Wenn du dich gerade erst auf den Weg des Womb Blessing begibst, lege einen dunklen Stein in die leere Fokusschale.

Wenn du den Weg des Womb Blessing schon länger gehst, schau dir an, wie viele dunkle Steine in der Fokusschale liegen. Die dunklen Steine spiegeln deine Erfahrungen mit dem vermehrten Rückzug und den zunehmenden Energien der inneren Welt wider. Du bist aus dem Licht der äußeren Welt in das Herz des Labyrinths gereist, in die beruhigende und dich umarmende Höhle deiner Seele. Lege einen dunklen Steine in deine Fokusschale. Falls weiße Steine darin liegen, nimm sie heraus.

Während du den dunklen Stein in die Schale legst, sage laut:

- **Aus der zunehmenden Dunkelheit kommend verweile ich in der Fülle des Dunkels.**
- **Von der Zauberin werde ich zur sanfteren Alten Frau im Neumond.**
- **Vom Bedürfnis, wild zu sein, trete ich über in das Bedürfnis zu sein.**

Sitze eine Weile mit der Fokusschale im Schoß und spüre nach, was dieser Wandel für dich bedeutet.

Wenn du bereit bist, die Übung zu beenden, verbinde dich mit der Erdmutter, indem du dir vorstellst, dass die Wurzeln deines Gebärmutterbaums tief hinab in die Erde wachsen.

Stelle die Schalen nun an einen Ort, an dem du sie tagsüber siehst.

Zyklustag 2: Sich der Alten Frau im Neumond öffnen

Fokusschale

Setze dich am **Abend** mit der Fokusschale im Schoß hin.

Lenke deine Aufmerksamkeit auf dein Schoßzentrum und siehe, wisse oder fühle, dass ein wunderschöner Kessel in deinem Becken ruht. Verweile bei diesem Bild und öffne dich für Erfahrungen oder Gefühle, die es hervorruft.

Lege einen weiteren dunklen Stein in die Schale. Vergegenwärtige dir deinen Rückzug und sage:

- **Ich öffne mich der Alten Frau im Neumond.**
- **Ich heiße ihre Energien der Stille, Weisheit und Liebe willkommen.**
- **Ich drücke sie frei in meinem Leben aus.**
- **Morgen werde ich …**

Füge eine Aktivität hinzu, die du morgen ausführen wirst, um deine Energien der Alten Frau im Neumond und deine Gefühle auszudrücken. Wenn du dir darüber nicht im Klaren bist, verweile einen Augenblick mit der Fokusschale in deinem Schoß und bitte die Alte Frau, dich zu inspirieren. Zur Erinnerung: Du darfst dir selbst die Erlaubnis für Aktivitäten wie »nichts tun«, »ausruhen« oder »aus dem Fenster schauen« geben.

Verbinde dich mit deinen Energien

Wähle ein Band oder eine Schnur in einer Farbe, die für dich die Alte Frau repräsentiert. Das kann Schwarz, dunkles Purpur oder Nachtblau sein. Binde die Schnur um dein Handgelenk und trage dieses Armband die gesamte Phase über als Anerkennung deiner Energien der Alten Frau und als Erinnerung daran, wer du bist.

Zyklustag 3: Die Alte Frau im Neumond und die Womb-Blessing-Meditation

Fokusschale

Beginne den **Abend** mit einer Wiederholung der Fokusschalenübung von Tag 2.

Verbinde dich mit deinen Energien

Praktiziere am **Abend** die Womb-Blessing-Meditation (siehe Seite 19). Nimm dir Zeit, um jeden Teil der Meditation zu visualisieren. Vielleicht stellst du fest, dass du in dieser Phase tiefer in die Meditation eintrittst und ein intensiveres Gefühl des Einsseins entwickelst. Möglicherweise bist du dir deiner Verbindung mit dem Göttlich-Weiblichen deutlicher bewusst.

- Was hast du während der Meditation gesehen oder gefühlt?
- Was wolltest du nach der Meditation gerne tun?

Notiere in den kommenden Tagen das innere Wissen und die Einsicht, die dir bewusst werden.

Zyklustag 4: Die sexuellen Energien der Alten Frau im Neumond zulassen

Fokusschale

Beginne den **Abend** mit einer Wiederholung der Fokusschalenübung von Tag 2.

Verbinde dich mit deinen Energien

Viele Frauen haben in dieser Phase keinen Sex. Manche fühlen sich zu unsauber, anderen ist es peinlich, wieder andere wollen einfach nur schlafen. Manche Frauen empfinden sexuelles Verlangen, andere überhaupt nicht.

Die Müdigkeit in dieser Phase muss Sex nicht verhindern, aber sie verändert unseren Zugang zum Sex. Wenn wir nicht die Müdigkeit sehen, sondern die Energien der Alten Frau, die uns in ihren Armen hält, dann kann sich unser Fokus hin zu Sinnlichkeit und spiritueller Achtsamkeit verschieben.

Langsamer, sanfter Sex, bei dem unser Partner die aktive Rolle übernimmt, ist ein wunderschönes Gebet an das Göttlich-Weibliche. Es ist nicht wichtig, einen Orgasmus zu haben oder wach zu bleiben – durch unseren Körper und die Liebe zueinander haben wir dem Göttlich-Weiblichen ein körperliches Gebet dargebracht.

Werde dir heute der spirituellen Sinnlichkeit der sexuellen Energien der Alten Frau im Neumond bewusst. Erkenne, dass du mit jeder Berührung die Welt um dich herum liebkost und deine spirituelle Liebe mit ihr teilst.

Wenn du einen Partner hast, dann teile mit ihm dein Verständnis deiner sexuellen Natur in dieser Phase. Experimentiert gemeinsam, um zu sehen, wohin euch diese körperliche Liebe führt.

Möglicherweise fühlt sich Sex zu Beginn der Phase anders an als gegen Ende. Wiederhole nächsten Monat diese Übung an unterschiedlichen Tagen, um die sich verändernden Energien zu erforschen.

Zyklustag 5: Die Energien der Alten Frau im Neumond halten

Fokusschale

Beginne den **Abend** mit einer Wiederholung der Fokusschalenübung von Tag 2.

Verbinde dich mit deinen Energien

Die Alte Frau ist die Mutter des Kosmos und die Dunkle Mutter der Seelen. Wir sehen ihre Liebe und Schönheit nicht, weil wir Angst vor dem Altwerden und vor dem Tod haben.

Nimm dir Zeit und trete einen Schritt fort von der Welt. Erschaffe dir einen Zufluchtsort der Ruhe und Stille, um die Alte Frau in dir zur erspüren, um ihre Weisheit und das Geschenk ihrer Einsicht, Erholung und des Einsseins zu erfahren.

- Setze oder lege dich bequem hin, schließe die Augen und nimm einen tiefen Atemzug.
- Fühle, wisse oder stelle dir vor, dass du mit dem Rücken gegen einen wunderschönen Gebärmutterbaum gelehnt auf dem Boden sitzt. Seine Wurzeln reichen tief hinab in die Erde, die Äste wachsen hoch hinauf zum Himmel, der von Sternen übersät ist.

- Der Himmel über den Ästen ist leer. Nur die Dunkelheit des Weltraums und die Schönheit der Sterne sind zu sehen.
- Lenke deine Aufmerksamkeit auf deine Gebärmutter und das Schoßzentrum. Wisse oder fühle, dass eine große Schale in deinem Becken ruht. Sie ist mit dunklem Wasser gefüllt.
- Du erkennst, dass die Dunkelheit immer da ist, während der Mond und deine Energien durch die Lichtphasen fließen.
- Atme tief ein und entspanne dich. Öffne dich der Alten Frau im Neumond in deinem Schoßzentrum und heiße sie willkommen. Verweile in ihrer Anwesenheit.
- Wenn du bereit bist, die Übung zu beenden, danke der Göttlichen Weiblichkeit für Ihre Anwesenheit.
- Lenke deine Aufmerksamkeit wieder auf deinen Körper und bewege Zehen und Finger. Atme tief ein und aus. Strecke dich und lächle.

Es ist in Ordnung, wenn du bei dieser Übung einschläfst!

Praktiziere diese Meditation an verschiedenen Tagen, zum Beispiel an den Zyklustagen 1 und 6. Dann merkst du, wie du dich in dieser Phase veränderst und welchen Arten von Weisheit du dich öffnest.

Zyklustag 6: Die Energien der Alten Frau heilen

Fokusschale

Beginne den **Abend** mit einer Wiederholung der Fokusschalenübung von Tag 2.

Verbinde dich mit deinen Energien

Wie die Mutter im Vollmond ist auch die Alte Frau im Neumond mit tiefer Liebe und Mitgefühl für alle Lebewesen assoziiert.

- Setze dich bequem hin und lenke deine Aufmerksamkeit auf dein Herz. Sei dir der Sterne über deinem Kopf bewusst.
- Während du sanft einatmest, atmest du das Licht der Sterne durch deinen Scheitelpunkt in dein Herz und weiter in deine Gebärmutter.
- Entspanne dich und spüre, wie sich deine Gebärmutter mit Liebe und dem Licht der Sterne füllt.

- Sage in Gedanken:
  - **Ich bin die Dunkle Mutter.**
  - **Ich öffne mich der Weisheit und der Seelenheilung.**
- Wenn du bereit bist, die Heilung zu beenden, lege die Hände auf den unteren Bauch und lasse die Wurzeln deines Gebärmutterbaumes tief hinab in die Erde wachsen.

Übergang zur nächsten Phase

Bei einigen von uns setzt sich die erholsame Ruhe im Zentrum des Labyrinths nach Ende der Menstruation noch ein paar Tage fort, während bei anderen die Energien der Mond-Jungfrau bereits während der Blutung einsetzen. Höre auf deinen Körper und deine Energien, um den richtigen Zeitpunkt für die Rückkehr nach dem Rückzug zu finden, anstatt dem Druck und den Erwartungen der Welt nachzugeben.

Vielleicht möchtest du am Ende der Phase dem Göttlich-Weiblichen danken:

- Ich danke der Göttlichen Weiblichkeit
- für Ihre Liebe,
- für ihre Anwesenheit in meinem Herzen und meiner Gebärmutter,
- für Ihre Gaben
- und für den leidenschaftlichen Wunsch, meine authentische Weiblichkeit zurückzuerobern.

- Welche Energien wurden durch das Womb Blessing in dieser Phase bei dir aktiviert?
- Welche Einsichten oder Fähigkeiten hat das Womb Blessing in dieser Phase bei dir freigesetzt, die du nun anerkennen und ausdrücken kannst?
- Wenn du eine Gebärmuttersegnung in dieser Phase erhalten hast: Welche Erfahrungen hast du gesammelt?

Phase des zunehmenden Mondes und der Jungen Frau, Zyklustage 7–13

In der Phase des zunehmenden Mondes geraten
die Energien in Bewegung. Spürst du das in deinem
Inneren? Gehe weiter – laufe mit ihnen! Jetzt!

Auf der Grundlage von *Spiritual Messages for Women* von Miranda Gray.

Zyklische Frauen	Menstruationszyklus	Phase vor dem Eisprung: ungefähr Zyklustage 7–13
Nicht zyklische Frauen	Mondzyklus	Zunehmender Mond: 3 Tage nach Neumond bis 3 Tage vor Vollmond
	Jahreszeitenzyklus	Frühling

Von der Dunkelheit ins Licht

Heute beginnen die Energien der Phase vor dem Eisprung. Nach dem Winterschlaf der Menstruation haben sich deine Energien erholt und sind frisch aufgeladen. Jetzt kannst du die Reise von der Höhle der Alten Frau, der Dunklen Mutter, hinaus in die Welt antreten. Es ist die Magie unserer zyklischen Natur, dass wir uns erholen und unsere sexuelle, kreative, geistige, emotionale und körperliche Energie jeden Monat erneuern können.

Heute beginnt ein neuer Zyklus!

Zyklustag 7: Die Schale der Jungen Frau

Die nach außen strahlenden Energien der Phase der Mond-Jungfrau nehmen zu. Wir zeigen dies, indem wir jeden Tag einen weiteren weißen Stein in unsere Fokusschale legen und einen schwarzen herausnehmen. Es werden also sowohl schwarze, als auch weiße Steine in deiner Fokusschale liegen.

Setze dich am **Morgen** mit der Fokusschale im Schoß hin.

Lenke deine Aufmerksamkeit auf dein Schoßzentrum. Siehe, wisse oder fühle, dass ein wunderschöner Kessel in deinem Becken ruht. Verweile bei diesem Bild und öffne dich für Erfahrungen oder Gefühle, die es hervorruft.

Nimm einen schwarzen Stein aus der Fokusschale und lege ihn in die andere Schale. Lege dann einen weißen Stein in die Fokusschale.

Wenn du dich gerade erst auf den Weg des Womb Blessing begibst, lege einfach einen weißen Stein in deine leere Fokusschale.

Sage währenddessen:

- **Aus der Dunkelheit trete ich ins Licht.**
- **Von der Alten Frau werde ich zur Jungen Frau.**
- **Aus der inneren Welt trete ich hinaus in die äußere Welt.**

Verweile einen Moment und spüre nach, was dieser Wandel für dich bedeutet.

Wenn du bereit bist, die Übung zu beenden, verbinde dich mit der Erdmutter, indem du dir vorstellst, dass die Wurzeln deines Gebärmutterbaums tief hinab in die Erde wachsen.

Im Verlauf dieser Phase werden die schwarzen Steine in deiner Fokusschale immer weniger, während die Anzahl weißer Steine zunimmt. Dies spiegelt die zunehmenden dynamischen und nach außen gerichteten Energien in deiner Gebärmutter wider, während du durch die Phase der Jungen Frau gehst.

Zyklustag 8: Sich der Mond-Jungfrau öffnen

Fokusschale

Wiederhole am **Morgen** die Übung von Tag 7, aber während du den schwarzen Stein herausnimmst und einen weißen in die Fokusschale legst, sagst du dieses Mal:

- **Ich öffne mich der Mond-Jungfrau.**
- **Ich heiße ihre Energien der Schönheit, der Anfänge, des Vergnügens und der Bewegung willkommen.**
- **Ich drücke sie frei in meinem Leben aus.**
- **Heute werde ich …**

Füge eine Aktivität hinzu, die du heute tun möchtest, um deine Energien der Jungen Frau auszudrücken, zum Beispiel ein Projekt beginnen, Sport machen, etwas Neues Lernen, etwas planen oder Zeit für eine Aufgabe nehmen, die Konzentration und Sorgfalt erfordert.

Verbinde dich mit deinen Energien

Wähle ein Band oder eine Schnur in der Farbe, die für dich die Energien der Mond-Jungfrauen repräsentiert. Dies kann Weiß, Gelb, Hellrosa, Hellblau oder Hellgrün sein.

Binde die Schnur um dein Handgelenk und trage dieses Armband die gesamte Phase über als Anerkennung deiner Energien der Jungen Frau und als Erinnerung daran, wer du bist.

Zyklustag 9: Die Mond-Jungfrau und die Womb-Blessing-Meditation

Fokusschale

Beginne den **Morgen** mit einer Wiederholung der Übung von Tag 8.

Verbinde dich mit deinen Energien

Praktiziere heute die Womb-Blessing-Meditation (siehe Seite 19). Nimm dir dabei Zeit, jeden Teil der Meditation zu visualisieren. In dieser Phase fällt es manchmal schwer, still zu sitzen. Aber vielleicht spürst du mehr Klarheit und findest es einfacher, dich mit dem Licht zu verbinden.

- Was hast du während der Meditation gesehen oder gefühlt?
- Was wolltest du nach der Meditation gerne tun?

Notiere in den kommenden Tagen die Ideen und Projekten, die dir einfallen.

Zyklustag 10: Die Energien der Mond-Jungfrau halten

Fokusschale

Beginne den **Morgen** mit einer Wiederholung der Übung von Tag 8.

Verbinde dich mit deinen Energien

Du bist nun mitten in der Phase der Jungen Frau, ihre Energien sind ein großer Teil deines Selbst. Die folgende Meditation bietet die Möglichkeit, deine innere Junge Frau zu treffen und zuzulassen, dass sie dir ihre Gaben zeigt.

- Setze dich bequem hin, schließe die Augen und nimm einen tiefen Atemzug.
- Fühle, wisse oder stelle dir vor, dass du mit dem Rücken gegen einen wunderschönen Gebärmutterbaum gelehnt auf dem Boden sitzt. Seine Wurzeln reichen tief hinab in die Erde, die Äste wachsen hoch hinauf zum Himmel, der von Sternen übersät ist.
- Die Sichel des zunehmenden Mondes wiegt sich in den Zweigen des Baumes.
- Lenke deine Aufmerksamkeit auf deine Gebärmutter und das Schoßzentrum. Wisse oder fühle, dass eine große Schale in deinem Becken ruht. Sie ist mit dunklem Wasser gefüllt.
- Der Mond badet dich in sanftem Licht. Es fließt über dich und durch den Scheitelpunkt ins Herz und weiter in deine Gebärmutter.
- Die Mondsichel spiegelt sich im Wasser deiner Schale.
- Atme tief ein und entspanne dich. Öffne dich der Mond-Jungfrau in deinem Schoßzentrum und heiße sie willkommen.
- Wenn du bereit bist, die Übung zu beenden, danke der Göttlichen Weiblichkeit für Ihre Anwesenheit.
- Lenke deine Aufmerksamkeit wieder auf deinen Körper und bewege Zehen und Finger. Atme tief ein und aus. Strecke dich und lächle.

Schreibe die Eindrücke und Gefühle auf, die die Junge Frau dir gebracht hat. Wie kannst du ihren Energien und ihrer Anwesenheit diese Woche Ausdruck verleihen?

Zyklustag 11: Die Mond-Jungfrau ausdrücken

Fokusschale

Beginne den **Morgen** mit einer Wiederholung der Übung von Tag 8. In der Fokusschale liegen nun mehr weiße als schwarze Steine.

Verbinde dich mit deinen Energien

Mit den verschiedenen Energien der Archetypen ist ein starkes Bedürfnis verbunden, sie auszudrücken. Bei vielen Frauen sind Enttäuschungen im Körper und im Zyklus gespeichert, weil ihre Möglichkeit, den archetypischen Energien Ausdruck zu verleihen, eingeschränkt sind oder weil sie nicht wissen, wie sie dies bewerkstelligen sollen. Erst wenn wir die archetypischen Bedürfnisse jeder Phase erkennen, können wir etwas unternehmen, um ihnen gerecht zu werden. Im Ergebnis werden wir uns glücklicher und selbstwirksamer fühlen.

- Setze dich bequem hin und schließe die Augen.
- Lenke deine Aufmerksamkeit auf deine Gebärmutter und das Schoßzentrum.
- Während du einatmest, sage in Gedanken:
  - **Ich öffne meine Gebärmutter** für die Mond-Jungfrau. Bitte komm in meine **Gebärmutter.**
- Atme aus und entspanne dich.
- Wiederhole dies einige Minuten lang.
- Wisse, fühle oder stelle dir vor, dass ein schönes junges Mädchen inmitten einer Frühlingslandschaft vor dir steht.
- Sie steht aufrecht und selbstbewusst da und trägt Pfeile und Bogen aus Silber auf ihrem Rücken. Ihre Jagdhunde liegen ihr zu Füßen.
- Du spürst, wie ihre Energie durch dich hindurchfließt und das Gefühl von Selbstvertrauen und neuer sexueller Energie vermittelt. Das Leben scheint voller Neuanfänge und Ziele zu sein und du verspürst den Drang, deine Träume zu verwirklichen.
- Frage sie in Gedanken:
  - **Was muss ich tun, um dich willkommen zu heißen und deiner Energie in meinem Leben Ausdruck zu verleihen?**
- Entspanne dich für *eine Minute.*
- Öffne dich für alle Eindrücke, Gefühle oder Bilder. Vielleicht drängt es dich, etwas Einfaches, Praktisches und Alltägliches zu tun, etwa nach etwas suchen, das du verloren hast, eine neue Diät beginnen, dich für einen Kurs anmelden, der dich immer schon interessiert hat, oder den nächsten Urlaub planen.
- Beende die Übung, indem du die Finger und Zehen bewegst und tief durchatmest.

- **Jetzt werde aktiv!** Wenn du dein Bedürfnis nicht vollständig befriedigen kannst, dann unternimm einen kleinen Schritt in diese Richtung. Erkenne die Bedürfnisse der Mond-Jungfrau in dir und mache einen kleinen Schritt. Dadurch nimmt der Stress ab und du fühlst dich glücklicher und erfüllt.

Schreibe alle Vorstellungen und Ideen auf, um in deiner nächsten Phase der Jungen Frau darauf zurückkommen zu können. Sich mit der Jungen Frau zu verbinden und ihre Energien auszudrücken, unterstützt die Veränderungen, die das Womb Blessing bewirkt, und hilft, die eigenen authentischen weiblichen Energien zu verkörpern. Außerdem wirst du dich gut dabei fühlen!

Zyklustag 12: Die sexuellen Energien der Mond-Jungfrau wecken

Fokusschale

Beginne den **Morgen** mit einer Wiederholung der Übung von Tag 8.

Verbinde dich mit deinen Energien

Mit jeder Phase des Zyklus ändern sich die sexuellen Energien. Die Phase der Mond-Jungfrau schenkt uns – unabhängig von unserem Alter – ein neues sexuelles Verlangen. Ihre sexuelle Energie ist fröhlich und verspielt, dynamisch und selbstsicher. Wir erhalten sie von der Natur zu unserem eigenen Vergnügen.

Gib der Sexualität der Jungen Frau die Freiheit, sich in der Art, wie du dich kleidest und mit anderen Menschen interagierst, auszudrücken. Egal wie alt du bist, die sexuellen Energien und die Schönheit der Mond-Jungfrau liegen in deiner Gebärmutter. Lass ihre erneuerte Schönheit in deinen Augen aufleuchten und lächele mit der schelmischen und spielerischen Magie, die sie schenkt.

Wenn du einen Partner hast, lass ihn der Mond-Jungfrau begegnen – im Schlafzimmer oder wo immer du magst!

Zyklustag 13: Die Mond-Jungfrau heilen

Fokusschale

Beginne den **Morgen** mit einer Wiederholung der Übung von Tag 8. In deiner Fokusschale liegen nun sieben weiße Steine. Sie zeigen dir, dass du den Aufstieg aus der Dunkelheit der Menstruation in die Welt beendet hast.

Verbinde dich mit deinen Energien

Die Mond-Jungfrau ist mit höheren Gedanken und Idealen assoziiert. Die Gebärmuttersegnung hilft, diese Aspekte unseres Selbst zu wecken und zu leben.

- Setze dich entspannt hin und lenke deine Aufmerksamkeit auf das Energiezentrum, das tief in deinem Kopf liegt.
- Werde dir der Mondsichel über deinem Kopf bewusst.
- Atme sanft ein. Atme dabei das weiße Licht der Mond-Jungfrau in dein Gehirn. Entspanne dich und spüre, wie sich dein Gehirn mit weißem Licht und Klarheit füllt.
- Sage in Gedanken:
  - **Ich bin die strahlende Junge Frau.**
  - **Ich öffne mich ihrer Schönheit und ihrer heilenden Reinheit.**
- Wenn du bereit bist, die Heilung zu beenden, lege die Hände auf den Unterbauch und lasse die Wurzeln deines Gebärmutterbaumes tief hinab in die Erde wachsen.

Übergang zur nächsten Phase

Je nach Zyklus spürst du nun, dass die Phase der Mond-Jungfrau in die Phase der Vollmond-Mutter übergeht und dass du bereit bist, dich vollständig in deren Energien zu begeben. Falls du das Gefühl hast, dass Energien der Jungen Frau noch stark sind, kannst du für ein paar Tage die Aktivitäten der Jungen Frau wiederholen, bist du den Wechsel zur neuen Phase spürst.

Vielleicht möchtest du am Ende der Phase dem Göttlich-Weiblichen danken:

- Ich danke der Göttlichen Weiblichkeit
- für Ihre Liebe,
- für Ihre Anwesenheit in meinem Geist und meiner Gebärmutter,

- für Ihre Gaben
- und für den leidenschaftlichen Wunsch, meine authentische Weiblichkeit zurückzuerobern.

Zusammenfassung

- Welche Energien wurden durch das Womb Blessing in dieser Phase bei dir aktiviert?
- Welche Aspekte deiner inneren Mond-Jungfrau wurden geheilt?
- Welche Einsichten oder Fähigkeiten hat das Womb Blessing in dieser Phase bei dir freigesetzt, die du nun anerkennen und ausdrücken kannst?
- Wenn du eine Gebärmuttersegnung in dieser Phase erhalten hast: Welche Erfahrungen hast du gesammelt?

Phase des Vollmondes und der Mutter, Zyklustage 14–20

Konzentriere dich auf den heutigen Tag.
Was wirst du mit Liebe tun? Was öffnet dein Herz?
Nichts anderes ist wichtig.

Auf der Grundlage von *Spiritual Messages for Women* von Miranda Gray.

Zyklische Frauen	Menstruationszyklus	Phase des Eisprungs: ungefähr Zyklustage 14–20
Nicht zyklische Frauen	Mondzyklus	Vollmond: 3 Tage vor bis 3 Tage nach Vollmond
	Jahreszeitenzyklus	Sommer

Im Licht erstrahlen

Die dynamischen Energien sind langsamer geworden und unser Ego hat sich in die strahlende Energie der Vollmond-Mutter verwandelt. Die Energien wurden uns gegeben, damit wir sie teilen, damit wir die Welt um uns herum erschaffen. Unser Herz ist groß genug, um die Erde darin aufzunehmen.

Zyklustag 14: Die Schale der Vollmond-Mutter

Setze dich am **Morgen** mit der Fokusschale im Schoß hin.

Lenke deine Aufmerksamkeit auf dein Schoßzentrum. Siehe, wisse oder fühle, dass ein wunderschöner Kessel in deinem Becken ruht. Verweile bei diesem Bild und öffne dich für Erfahrungen oder Gefühle, die es hervorruft.

Die nach außen strahlenden Energien der Vollmond-Mutter sind stark. Wir zeigen dies, indem wir jeden Tag einen weiteren weißen Stein in die Fokusschale legen.

Wenn noch schwarze Steine in der Schale liegen, nimm sie heraus.

Wenn du dich gerade erst auf den Weg des Womb Blessing begibst, lege einfach einen weißen Stein in deine leere Fokusschale.

Sage währenddessen:

- **Aus dem zunehmenden Licht kommend verweile ich in der Fülle des Lichts.**
- **Von der Mond-Jungfrau werde ich zur Vollmond-Mutter.**
- **Von dem Bedürfnis, aktiv zu sein, trete ich über in das Bedürfnis, für andere zu sorgen.**

Verweile einen Moment und spüre nach, was dieser Wandel für dich bedeutet.

Wenn du bereit bist, die Übung zu beenden, verbinde dich mit der Erdmutter, indem du dir vorstellst, dass die Wurzeln deines Gebärmutterbaums tief hinab in die Erde wachsen.

Zyklustag 15: Sich der Vollmond-Mutter öffnen

Fokusschale

Wiederhole am **Morgen** die Übung von Tag 14, aber während du den weißen Stein in die Fokusschale legst, sagst du dieses Mal:

- **Ich öffne mich der Vollmond-Mutter.**
- **Ich heiße ihre Energien der Empathie, Fürsorge, Sanftheit und Liebe willkommen.**
- **Ich drücke sie frei in meinem Leben aus.**
- **Heute werde ich …**

Füge eine Aktivität hinzu, die du heute tun möchtest, um deine Mutterenergien auszudrücken, zum Beispiel deine Kinder umarmen, einen Freund anrufen, den du lange nicht gesprochen hast, einem Arbeitskollegen für seine Hilfe danken, deinem Partner Plätzchen backen oder im Garten arbeiten.

Verbinde dich mit deinen Energien

Wähle ein Band oder eine Schnur in der Farbe, die für dich die Energien der Vollmond-Mutter repräsentiert. Dies kann Weiß, Dunkelrosa, ein kräftiges Blau oder Smaragdgrün sein.

Binde die Schnur um dein Handgelenk und trage dieses Armband die gesamte Phase über als Anerkennung deiner Mutterenergien und als Erinnerung daran, wer du bist.

Zyklustag 16: Die Vollmond-Mutter und die Womb-Blessing-Meditation

Fokusschale

Beginne den **Morgen** mit einer Wiederholung der Übung von Tag 15.

Verbinde dich mit deinen Energien

Praktiziere heute die Womb-Blessing-Meditation (siehe Seite 19). Nimm dir Zeit, um jeden Teil der Meditation zu visualisieren.

- Was hast du während der Meditation gesehen oder gefühlt?
- Was wolltest du nach der Meditation gerne tun?

Notiere in den kommenden Tagen deine Gefühle und Erfahrungen.

Zyklustag 17: Die Energien der Vollmond-Mutter halten

Fokusschale

Beginne den **Morgen** mit einer Wiederholung der Übung von Tag 15.

Verbinde dich mit deinen Energien

Manchen Frauen, die die dynamischen Energien der Jungen Frau bei der Arbeit brauchen, fällt der Wechsel in die Mutterphase schwer. Andere erleben diese Phase als sehr berührend und emotional, weil sie Mutter sein wollen und die Energien dieser Phase ihnen dies vermitteln.

- Setze oder lege dich bequem hin, schließe die Augen und nimm einen tiefen Atemzug.
- Fühle, wisse oder stelle dir vor, dass du mit dem Rücken gegen einen wunderschönen Gebärmutterbaum gelehnt auf dem Boden sitzt. Seine Wurzeln reichen tief hinab in die Erde, die Äste wachsen hoch hinauf zum Himmel, der von Sternen übersät ist.
- Ein schöner, strahlender Mond wiegt sich in den Zweigen des Baumes.
- Lenke deine Aufmerksamkeit auf deine Gebärmutter und das Schoßzentrum. Wisse oder fühle, dass eine große Schale in deinem Becken ruht. Sie ist mit dunklem Wasser gefüllt.
- Der Vollmond badet dich in hellem Licht, das über dich und vom Scheitelpunkt in dein Herz und weiter in die Gebärmutter fließt.
- Das Gesicht des Vollmonds spiegelt sich im Wasser in deiner Schale.
- Atme tief ein und entspanne dich. Öffne dich der sanften, liebenden und beruhigenden Anwesenheit der Vollmond-Mutter und heiße sie willkommen.
- Wenn du bereit bist, die Übung zu beenden, danke der Göttlichen Weiblichkeit für Ihre Anwesenheit.
- Lenke deine Aufmerksamkeit wieder auf deinen Körper und bewege Zehen und Finger. Atme tief ein und aus. Strecke dich und lächle.

Male oder beschreibe nun die Gefühle, die die Mutter dir vermittelt hat.

Wie kannst du diese Woche ihre Energien und ihre Anwesenheit in deinem Leben ausdrücken?

Zyklustag 18: Die Vollmond-Mutter ausdrücken

Fokusschale

Beginne den **Morgen** mit einer Wiederholung der Übung von Tag 15.

Verbinde dich mit deinen Energien

Jede Phase des Zyklus ist durch bestimmte Bedürfnisse gekennzeichnet, die mit den archetypischen Energien assoziiert sind und bei denen es darum geht, unserer authentischen weiblichen Natur gemäß zu leben. Wenn wir ein solches Bedürfnis befriedigen, fühlen wir uns gut! Freude zeigt uns, dass wir in Einklang mit unserer authentischen Natur leben.

Es genügt nicht, ein Bedürfnis zu erkennen, vielmehr müssen wir es für uns selbst erfüllen. Manchmal ist das unmöglich. Aber erstaunlicherweise reicht oft schon ein kleiner Schritt in die richtige Richtung, um Glück und Freude zu empfinden.

- Setze dich bequem hin und schließe die Augen.
- Lenke deine Aufmerksamkeit auf deine Gebärmutter und das Schoßzentrum.
- Während du einatmest, sage in Gedanken:
  - **Ich öffne meine Gebärmutter für die Vollmond-Mutter. Bitte komm in meine Gebärmutter.**
- Atme aus und entspanne dich.
- Wiederhole dies einige Minuten lang.
- Wisse, fühle oder stelle dir vor, dass eine schwangere Frau zwischen Bäumen und Sommerblumen vor dir sitzt. Sie hat einen Korb mit Brot, besticktem Stoff und geflochtene Schalen bei sich.
- Sie lächelt dir zu und du spürst, dass dich ihre Zufriedenheit und Fruchtbarkeit mit Liebe, Kreativität, Mitgefühl und Fürsorge erfüllt.
- Frage sie in Gedanken:
  - **Was muss ich tun, um dich willkommen zu heißen und deiner Energie in meinem Leben Ausdruck zu verleihen?**
- Entspanne dich für *eine Minute*.
- Öffne dich für alle Eindrücke, Gefühle oder Bilder. Vielleicht drängt es dich, etwas Einfaches, Praktisches und Alltägliches zu tun, etwa mehr Zeit mit der Familie verbringen, dich mit deinem Partner zu verabreden, basteln,

einem Freund, der ein Problem hat, lange zuhören, oder mehr Zeit zu investieren, um anderen zu helfen.

- Beende die Übung, indem du die Finger und Zehen bewegst und tief durchatmest.
- **Jetzt werde aktiv!** Male oder beschreibe deine Vorstellungen und Ideen, wie du deine Bedürfnisse befriedigen kannst. Komme nächsten Monat auf diese Notizen zurück, um dich mit den Energien der Vollmond-Mutter in dir zu verbinden. Verleihe ihnen Ausdruck und fühl dich gut!

Zyklustag 19: Die sexuellen Energien der Vollmond-Mutter annehmen

Fokusschale

Beginne den **Morgen** mit einer Wiederholung der Übung von Tag 15.

Verbinde dich mit deinen Energien

Manche Frauen empfinden die Phase der Vollmond-Mutter als eine wunderbare leidenschaftliche Zeit verstärkten sexuellen Verlangens. Die Natur gibt uns dieses größere Verlangen, weil wir einen Eisprung haben und fruchtbar sind. Sie verstärkt aber auch unsere Gefühle, sodass wir uns emotional eher an unseren Partner binden und zu ihm stehen.

Manchmal fühlen wir uns in der Mutterphase besonders romantisch, leidenschaftlicher, körperlich liebevoller und können uns mit unserem Partner auf einer tieferen Gefühlsebene verbinden.

Werde dir heute der sexuellen Energie der Mutter bewusst und genieße diesen liebenden, fürsorglichen, romantischen, leidenschaftlichen und sexy Aspekt seines Selbst. Ob du Kinder hast oder nicht, du trägst die umhüllenden, großzügigen und reichhaltigen sexuellen Energien des Archetyps der Mutter in dir. Lass ihre Sinnlichkeit und kreative Fülle von heute an fließen.

Wenn du einen Partner hast: Wie kannst du in dieser Beziehung der Mutter das geben, was sie braucht? Lass zu, dass dein Partner ihr begegnet!

Zyklustag 20: Die Vollmond-Mutter heilen

Fokusschale

Beginne den **Morgen** mit einer Wiederholung der Übung von Tag 15. In deiner Fokusschale liegen nun 14 weiße Steine. Sie zeigen, dass die Phase der strahlenden Mutter fast vorbei ist. Nun beginnt erneut der langsame Abstieg in die Dunkelheit.

Verbinde dich mit deinen Energien

Die Vollmond-Mutter ist mit tiefer Liebe und Mitgefühl für alle Lebewesen assoziiert.

- Setzte dich bequem hin und lenke deine Aufmerksamkeit auf dein Herz.
- Werde dir des Vollmonds über deinem Kopf bewusst.
- Atme sanft ein. Atme dabei das weiße Licht der Vollmond-Mutter durch den Scheitelpunkt in dein Herz.
- Entspanne dich und spüre, dass sich dein Herz mit Licht und Liebe füllt.
- Sage in Gedanken:
  - **Ich bin die strahlende Mutter.**
  - **Ich öffne mich der Liebe und der emotionalen Heilung.**
- Wenn du bereit bist, die Heilung zu beenden, lege die Hände auf den Unterbauch und lasse die Wurzeln deines Gebärmutterbaumes tief hinab in die Erde wachsen.

Übergang zur nächsten Phase

Je nach Zyklus hast du vielleicht das Gefühl, schon vor ein paar Tagen in die Zauberinnenphase übergegangen zu sein. Vielleicht bist du auch noch tief eingetaucht in die Mutterphase. Wenn du noch nicht bereit bis für die ersten Schritte in die Zauberinnenphase, kannst du, bis du soweit bist, einige Aktivitäten der Mutterphase wiederholen.

Vielleicht möchtest du am Ende der Phase dem Göttlich-Weiblichen danken:

- Ich danke der Göttlichen Weiblichkeit
- für Ihre Liebe,
- für Ihre Anwesenheit in meinem Geist und meiner Gebärmutter,

- für Ihre Gaben
- und für den leidenschaftlichen Ruf, meine authentische Weiblichkeit zurückzuerobern.

Zusammenfassung

- Welche Energien wurden durch das Womb Blessing in dieser Phase bei dir aktiviert?
- Welche Aspekte deiner inneren Vollmond-Mutter wurden geheilt?
- Welche Einsichten oder Fähigkeiten hat das Womb Blessing in dieser Phase bei dir freigesetzt, die du nun anerkennen und ausdrücken kannst?
- Wenn du eine Gebärmuttersegnung in dieser Phase erhalten hast: Welche Erfahrungen hast du gesammelt?

Phase des abnehmenden Mondes und der Zauberin, Zyklustag 21 bis Menstruation

Genieße die Schritte in die Dunkelheit. Du bist sexy.
Du bist magisch. Du bist eine Zauberin.
Zaubere und hexe!

Auf der Grundlage von *Spiritual Messages for Women* von Miranda Gray.

Zyklische Frauen	Menstruationszyklus	Prämenstruelle Phase: ungefähr Zyklustage 21 bis zur Menstruation
Nicht zyklische Frauen	Mondzyklus	Abnehmender Mond: 3 Tage nach Vollmond bis 3 Tage vor Neumond
	Jahreszeitenzyklus	Herbst

In die Dunkelheit eintreten

Atme tief durch. Sieh nicht zurück. Sei mutig. Setze deinen Fuß auf die erste Stufe hinab ins Labyrinth. Hab keine Angst. Während du das strahlende Licht der Vollmond-Mutter verlässt, wird die Zauberin deine Hand halten und dich in der Dunkelheit leiten. Spüre, wie die wilden Kräfte der Zauberin in deinem Geist und deinem Körper zunehmen.

Zyklustag 21: Die Schale der Mond-Zauberin

Setze dich am **Abend** mit der Fokusschale im Schoß hin. Nun beginnt die Reise in die Dunkelheit, daher wirst du die Meditation am Abend praktizieren.

Schließe deine Augen und lenke deine Aufmerksamkeit auf dein Schoßzentrum. Siehe, wisse oder fühle, dass ein wunderschöner Kessel in deinem Becken ruht. Verweile bei diesem Bild und öffne dich für Erfahrungen oder Gefühle, die es hervorruft.

Nimm einen weißen Stein aus der Fokusschale und ersetze ihn durch einen dunklen.

Wenn du dich gerade erst auf den Weg des Womb Blessing begibst, lege einen dunklen Stein in die leere Fokusschale.

Während du den dunklen Stein in die Schale legst, sage laut:

- **Aus dem strahlenden Licht kommend trete ich ein in die Dunkelheit.**
- **Von der Vollmond-Mutter werde ich zur Zauberin im abnehmenden Mond.**
- **Von der äußeren Welt trete ich über in die innere Welt.**

Du gehst nun den ersten kleinen Schritt hinab ins Labyrinth. Dein Unterbewusstsein und die Seelenebene deines Gewahrseins warten in der wunderbaren Dunkelheit und die Zauberin wird dich leiten und deine Hand halten. Du wirst durch das Land des Unterbewusstseins reisen, das voller Wildheit, Inspiration, sexueller Energie, Kreativität und Magie ist, und weiter in das Land der Seele, wo du in den Armen des Göttlich-Weiblichen ausruhen wirst. Vielleicht möchtest du zurückschauen, wenn das Licht abnimmt, und sehnst dich nach dem Land des Mutterarchetyps. Aber von Mythen und Legenden wissen wir, dass wir niemals zurückschauen sollten!

Sitze eine Weile mit der Fokusschale im Schoß und spüre nach, was dieser Wandel für dich bedeutet. Betrachte den einzelnen Samen der Dunkelheit auf deiner lichtgefüllten Gebärmutter. Heißt du ihn willkommen oder bekümmert dich, was du zurücklassen wirst?

Wenn du bereit bist, die Übung zu beenden, verbinde dich mit der Erdmutter, indem du dir vorstellst, dass die Wurzeln deines Gebärmutterbaums tief hinab in die Erde wachsen.

Zyklustag 22: Sich der Mond-Zauberin öffnen

Fokusschale

Setze dich am **Abend** mit der Fokusschale im Schoß hin.

Die Zahl der dunklen Steine spiegelt den absteigenden Pfad vom Licht der Eisprungphase in die Dunkelheit der Menstruation wider. Sie erinnert dich an den Rückzug der Energien von Körper, Geist und Gefühlen und an deine Rückkehr zu tieferen Ebenen des Gewahrseins und Verstehens.

Schließe deine Augen und lenke deine Aufmerksamkeit auf dein Schoßzentrum. Siehe, wisse oder fühle, dass ein wunderschöner Kessel in deinem Becken ruht. Verweile bei diesem Bild und öffne dich für Erfahrungen oder Gefühle, die es hervorruft.

Ersetze einen weißen Stein in deiner Fokusschale durch einen dunklen und sage in Gedanken:

- **Ich öffne mich der Mond-Zauberin.**
- **Ich heiße ihre Energien der Magie und Leidenschaft, der Intuition und Inspiration willkommen.**
- **Ich drücke sie frei in meinem Leben aus.**
- **Morgen werde ich …**

Füge eine Aktivität hinzu, die du morgen ausführen wirst, um deine Energien der Mond-Zauberin auszudrücken, zum Beispiel – wenn du genug Energie hast – einen Schrank oder den Garten aufräumen, abwaschen und putzen, spazieren gehen oder ein Gedicht schreiben. Wenn du wenig Energie hast, roll dich zusammen und mach ein Nickerchen, nimm ein genussvolles Bad, lies deine Wahrsagekarten, kritzele oder male ein Mandala aus, strick etwas oder lass deine Fantasie fliegen!

Verbinde dich mit deinen Energien

Wähle eine Band oder eine Schnur in der Farbe, die für dich die Zauberinnenenergien repräsentiert. Dies kann Schwarz, ein tiefes, magisches Purpur oder Nachtblau sein.

Binde die Schnur um dein Handgelenk und trage dieses Armband die gesamte Phase über als Anerkennung deiner Zauberinnenenergien und als Erinnerung daran, wer du bist.

Zyklustag 23: Die Mond-Zauberin und die Womb-Blessing-Meditation

Fokusschale

Beginne den **Abend** mit einer Wiederholung der Fokusschalenübung von Tag 22.

Verbinde dich mit deinen Energien

Praktiziere am **Abend** die Womb-Blessing-Meditation (siehe Seite 19). Nimm dir Zeit, um jeden Teil der Meditation zu visualisieren.

- Was hast du während der Meditation gesehen oder gefühlt?
- Was wolltest du nach der Meditation gerne tun?

Notiere in den kommenden Tagen die Gedanken, Ideen und Projekte, die dir einfallen.

Zyklustag 24: Die Energien der Zauberin halten

Fokusschale

Beginne den **Abend** mit einer Wiederholung der Fokusschalenübung von Tag 22.

Verbinde dich mit deinen Energien

Die Energie der Zauberin und ihre Art, uns zu leiten, können viele Formen annehmen. Sie kann sehr mächtig, aber auch sehr sanft sein, sehr herausfordernd und verändernd, sehr kreativ und spirituell. Am besten praktizierst du diese Meditation mehrmals in dieser Phase, um zu sehen, welche Inspiration und Magie sie dir schenkt.

- Setze oder lege dich bequem hin, schließe die Augen und nimm einen tiefen Atemzug.
- Fühle, wisse oder stelle dir vor, dass du mit dem Rücken gegen einen wunderschönen Gebärmutterbaum gelehnt auf dem Boden sitzt. Seine Wurzeln reichen tief hinab in die Erde, die Äste wachsen hoch hinauf zum Himmel, der von Sternen übersät ist.
- Die Sichel des abnehmenden Mondes wiegt sich in den Zweigen des Baumes.
- Lenke deine Aufmerksamkeit auf deine Gebärmutter und das Schoßzentrum. Wisse oder fühle, dass eine große Schale in deinem Becken ruht. Sie ist mit dunklem Wasser gefüllt.
- Der Mond badet dich in magischem Licht. Es fließt über dich und durch den Scheitelpunkt ins Herz und weiter in deine Gebärmutter.
- Die Mondsichel spiegelt sich im Wasser deiner Schale.
- Atme tief ein und entspanne dich. Öffne dich der Mond-Zauberin in deinem Schoßzentrum und heiße sie willkommen.
- Wenn du bereit bist, die Übung zu beenden, danke der Göttlichen Weiblichkeit für Ihre Anwesenheit.
- Lenke deine Aufmerksamkeit wieder auf deinen Körper und bewege Zehen und Finger. Atme tief ein und aus. Strecke dich und lächle.

Male oder tanze die Gefühle und Inspiration, die die Mond-Zauberin dir gebracht hat.

Zyklustag 25: Die Mond-Zauberin ausdrücken

Fokusschale

Beginne den **Abend** mit einer Wiederholung der Übung von Tag 22.

Verbinde dich mit deinen Energien

Meist bedeutet die Zauberinnenphase die größte Herausforderung, daher ist es wichtig, die Bedürfnisse in dieser Phase zu verstehen. Wer lernt, die Zauberinnenenergien auszudrücken, wird Freude, Kraft und Wohlbefinden ernten.

- Setze dich bequem hin und schließe die Augen.
- Lenke deine Aufmerksamkeit auf deine Gebärmutter und das Schoßzentrum.
- Während du einatmest, sage in Gedanken:
  - **Ich öffne meine Gebärmutter** für die Zauberin **im abnehmenden Mond. Bitte komm in meine Gebärmutter.**
- Atme aus und entspanne dich.
- Wiederhole dies einige Minuten lang.
- Wisse, fühle oder stelle dir vor, dass du in einer Herbstlandschaft stehst. Blätter wirbeln um dich herum. Vor dir steht eine schöne reife Frau. Sie trägt einen Umhang aus Rabenfeder und hält eine Silbersichel in der Hand.
- Sie füllt dich mit dynamischer Energie, Verlangen, inspirierter Kreativität und einem tiefen Gewahrsein deiner inneren Dunkelheit und Magie.
- Frage sie in Gedanken:
  - **Was muss ich tun, um dich willkommen zu heißen und deiner Energie in meinem Leben Ausdruck zu verleihen?**
- Entspanne dich für *eine Minute.*
- Öffne dich für alle Eindrücke, Gefühle oder Bilder. Vielleicht drängt es dich, etwas Magisches zu tun, etwa Wahrsagekarten lesen. Vielleicht möchtest du kreativ sein oder dich von der Welt zurückziehen und dir selbst etwas Gutes tun.
- Beende die Übung, indem du die Finger und Zehen bewegst und tief durchatmest.
- **Jetzt werde aktiv!** Wenn du dein Bedürfnis nicht vollständig befriedigen kannst, dann unternimm einen kleinen Schritt in diese Richtung. Erkenne die Bedürfnisse der Mond-Zauberin in dir und mache einen kleinen Schritt. Dadurch nimmt der Stress ab und du fühlst dich glücklicher und erfüllt.

Schreibe alle Vorstellungen und Ideen auf, um in deiner nächsten Zauberinnenphase darauf zurückkommen zu können. Sich mit der Zauberin zu verbinden und ihre Energien auszudrücken, unterstützt die Veränderungen, die das Womb Blessing bewirkt, und hilft, den Zyklus zu harmonisieren. Dann gelangst zu leichter, anmutiger und liebevoller durch die Herausforderungen der prämenstruellen Phase.

Zyklustag 26: Die sexuellen Energien der Mond-Zauberin herbeirufen

Fokusschale

Beginne den **Abend** mit einer Wiederholung der Übung von Tag 22. Die dunklen Steine in der Schale werden mehr. Dies erinnert dich daran, dass du dich vom Licht zurückziehst und tiefer in die Dunkelheit des Labyrinths reist.

Verbinde dich mit deinen Energien

Sex in der Zauberinnenphase kann beeindruckend sein. Viel zu oft konzentrieren wir uns auf den herausfordernden Aspekt der prämenstruellen Phase und ignorieren das Vergnügen, das sie uns schenkt!

Viele Frauen erleben die Zauberinnenphase als die erotischste und abenteuerlichste. Es gibt Tage, an denen wir weniger gehemmt sind, etwas Neues ausprobieren wollen, uns sexuell sicherer fühlen und mehr Verlangen empfinden. An anderen Tagen fühlen wir uns verletzlicher und suchen emotionale Bestätigung. Sex kann uns zeigen, dass unser Partner uns liebt und wir begehrenswert sind. Sex kann auch eine Quelle für emotionales Wohlgefühl sein und Stress abbauen.

Nimm heute deine sexuellen Zauberinnenenergien wahr und akzeptiere sie, welche Form auch immer sie gerade annehmen. Erlaube diesen super-sexy Energien, mit verführerischer Anmut durch dich zu fließen. Oder lege dir einen Schal um die Schultern, um deine Offenheit zu schützen und deinen sinnlichen Rückzug in die Dunkelheit auszudrücken.

Wenn du einen Partner hast, lass ihn die erotischen, ungehemmten sexuellen Energien spüren. Oder roll dich in deiner Verletzlichkeit zusammen und zeige ihm die Schönheit der spirituellen und sinnlichen Dunkelheit in dir.

Wenn du an diesem Punkt deiner Phase zu müde bist, um an Sex zu denken, wenn deine sexuellen Energien weit entfernt zu sein scheinen, kannst du diese Übung nächsten Monat etwas früher machen. Oder du praktizierst die Übung von Tag 27, um deine Energien zu wecken.

Zyklustag 27: Die Zauberin des abnehmenden Mondes heilen

Fokusschale

Beginne den **Abend** mit einer Wiederholung der Übung von Tag 22.

Verbinde dich mit deinen Energien

Wenn wir unsere Zauberinnenenergien nicht pflegen und ausdrücken, kann das Energiezentrum im Schoß, der Kessel, seine Energie verlieren. Wir bringen die Energie zurück in den Kessel, indem wir die Zauberin heilen. Dies mildert die anspruchsvollen Botschaften, die uns die Zauberin in dieser Phase sendet.

- Setze dich entspannt hin und lenke deine Aufmerksamkeit auf den Unterbauch, die Gebärmutter oder das Energiezentrum kurz unterhalb des Bauchnabels.
- Stelle dir vor, wie du mit der Hand Kreise auf deinen unteren Bauch malst. Deine Intuition sagt dir, wie herum und wie schnell du die Kreise malen sollst. Nach wenigen Augenblicken wird deine Gebärmutter vermutlich reagieren.
- Wenn du bereit bist, lenke deine Aufmerksamkeit auf die rechte Hüfte und male auch hier imaginäre Kreise.
- Lenke dann deine Aufmerksamkeit auf die linke Seite und male dort Kreise.
- Lenke schließlich deine Aufmerksamkeit auf dein Schoßzentrum und spüre, wisse oder stelle dir vor, dass du die wirbelnden Energien an allen drei Regionen aufrechterhältst.
- Sage in Gedanken:
  - **Ich bin die Dunkle Junge Frau, die Zauberin des abnehmenden Mondes.**
  - **Ich öffne mich der Magie und der heilenden Transformation.**
- Wenn du bereit bist, die Heilung zu beenden, lege die Hände auf den Unterbauch und lasse die Wurzeln deines Gebärmutterbaumes tief hinab in die Erde wachsen.

Übergang zur nächsten Phase

Je nach Zyklus spürst du vielleicht, dass du schon vor deiner Blutung zur Alten Frau geworden bist. Möglicherweise verspürst du die Zauberinnenenergien aber auch noch, während du bereits begonnen hast zu bluten. Wenn die Energien der Mond-Zauberin noch stark sind, kannst du einige Zauberinnenaktivitäten wiederholen, bis du den Wandel zur Alten Frau spürst.

Vielleicht möchtest du am Ende der Phase dem Göttlich-Weiblichen danken:

- Ich danke der Göttlichen Weiblichkeit
- für Ihre Liebe,
- für Ihre Anwesenheit in meinem Geist und meiner Gebärmutter,
- für Ihre Gaben
- und für den leidenschaftlichen Ruf, meine authentische Weiblichkeit zurückzuerobern.

Zusammenfassung

- Welche Energien wurden durch das Womb Blessing in dieser Phase bei dir aktiviert?
- Welche Aspekte deiner inneren Mond-Zauberin wurden geheilt?
- Welche Einsichten oder Fähigkeiten hat das Womb Blessing in dieser Phase bei dir freigesetzt, die du nun anerkennen und ausdrücken kannst?
- Wenn du eine Gebärmuttersegnung in dieser Phase erhalten hast: Welche Erfahrungen hast du gesammelt?

Die Gebärmuttersegnungen und der Weg

Wir können die energetischen Veränderungen und Geschenke, die jede Segnungseinstimmung uns bietet, annehmen, indem wir sie zu einem Teil von uns selbst und von unserem Leben machen. Mit jeder Gebärmuttersegnung nähern wir uns unserer authentischen Natur. Dann können wir auf unserer Reise durch unseren Zyklus die Energien der Archetypen annehmen und ausdrücken. Selbst wenn das moderne Leben uns immer wieder entkoppelt, die Gebärmuttersegnung verbindet uns wieder und bringt uns zu uns selbst als Frau zurück.

Den Weg des Womb Blessing zu gehen, bedeutet, die Dinge besser zu machen – uns zu verändern und zu einer vollständigen Version unserer Weiblichkeit zu werden. Der Weg führt uns zu einem neuen Platz im Leben, er erneuert uns und macht uns bereit, Liebe und weibliche Energien in die Welt zu schicken.

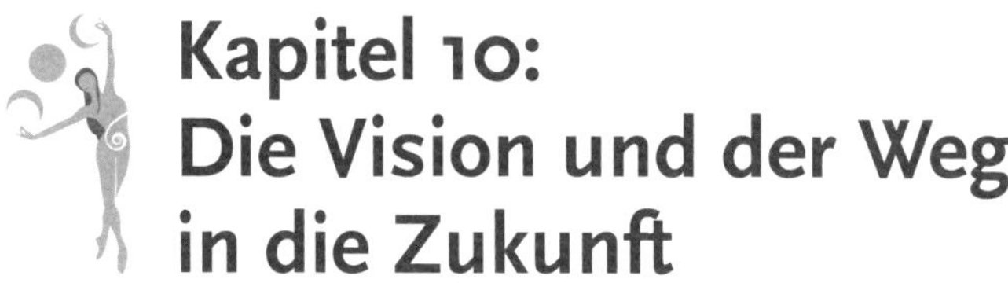

Kapitel 10: Die Vision und der Weg in die Zukunft

Die Womb-Blessing-Vision

Die Erste Frau lag auf ihrer Decke und blickte zu den Sternen auf. Sie dachte an ihre erste Frage von damals, als die Welt entstand.

»Wer bin ich?«

Jetzt hatte sie ihre Mitte gefunden, war ausgeglichen, besaß wieder alle vier Kraftobjekte und ihre Gebärmutterschale war voller Macht. Sie kannte nun die Antwort:

»Ich bin ich«, flüsterte sie dem Sternenvolk zu.

In Gesellschaften, in denen sich Frauen ihrer authentischen weiblichen Natur nicht bewusst sind, existieren keine authentischen Frauen, die Vorbilder dafür sein könnten, wie Frauen anders als Männer leben und arbeiten können. Zu denken und zu handeln wie ein Mann mag materiellen Erfolg oder Sicherheit versprechen, aber es hat seinen Preis: Schuldgefühle, emotionale oder geistige Probleme, Stress und eine Dysbalance in Körper und Zyklus.

Viele Frauen empfinden eine tiefe Sehnsucht – sie wollen verstehen, wer sie sind und was ihr Weg und ihr Ziel im Leben sind. Sie möchten sich unversehrt fühlen, wertgeschätzt – so, wie sie sind. Sie sehnen sich danach, sich in ihrer Weiblichkeit und ihrem Selbstwertgefühl sicher und stark zu fühlen. Schon **eine einzige Frau** kann beginnen, die Welt zu verändern, indem sie Aspekte ihrer authentischen Natur auslebt.

Wenn wir uns mit unserer authentischen Weiblichkeit verbinden und sie in der Welt ausleben, teilen wir unsere Authentizität automatisch mit anderen Frauen und unserer Familie. Frauen werden mit unseren Energien und unserer Lebensweise in Resonanz gehen und wissen wollen, wie sie diese Authentizität auch in sich selbst finden können. Unsere Kinder werden sehen, wie wir auch im Alltag in Einklang mit unserer authentischen zyklischen Natur leben. So finden Mädchen ein Rollenvorbild für ihr eigenes Leben, Söhne werden die Schönheit, die Stärke und den Wert der zyklischen Natur von Frauen verstehen und lernen, mit ihr zu tanzen.

Je mehr Frauen in Harmonie mit ihren Energien leben und arbeiten, desto sichtbarer werden die positiven Effekte auf Gesundheit, Beziehungen, Gemeinschaft und Arbeit. Authentische Frauen werden überraschende Fähigkeiten an den Tag legen. Sie werden kreativ und einfühlsam sein und eine Weisheit besitzen, die über ihr Alter hinausgeht. Sie werden intuitiv verstehen und aus einer kraft- und friedvollen Mitte heraus leben.

Das Ergebnis wird Veränderung sein, aber anders als der Geschlechterkampf der 1960er-Jahre wird dieser Wandel sanft vor sich gehen. Es wird eine Basisbewegung von Frauen geben, die kleine Änderungen in ihren Alltag einbinden, um die Grundfesten der Gesellschaft zu verändern. Alte Denkmuster werden in sich zusammenfallen, damit eine neue authentisch weibliche und authentisch männliche Gesellschaft entstehen kann. Das Womb Blessing ist ein Weg für Frauen, sich selbst und ihr Leben zu verändern.

Die Welt ist bereit für Veränderung – und Frauen
werden sie herbeiführen.

Die Vision mit anderen teilen

Die Womb-Blessing-Vision: eine harmonische
Welt erschaffen, indem alle Frauen ihre authentische
Weiblichkeit erwecken.

Um das zu erreichen, wollen wir allen Frauen die Möglichkeit geben, mit der Gebärmuttersegnung den Weg der weiblichen Erweckung zu gehen. Dazu möchten wir alle Informationen zur Verfügung stellen, die sie brauchen, um ihre authentischen weiblichen Energien und ihre Natur zu verstehen und zu erfahren.

Unsere tief empfundene Hoffnung ist es, ein Vermächtnis für zukünftige Generationen zu schaffen, damit unsere Enkelinnen und deren Töchter in einer friedlichen globalen Gesellschaft aufwachsen können, die die authentische Weiblichkeit anerkennt und lehrt und von ihr profitiert.

Was wäre, wenn …?

Was wäre, wenn unsere Gesellschaft die Zyklische Frau anerkennen würde? Wenn es die gesellschaftliche Struktur Frauen erlauben würde, ihre zyklische Natur auszuleben?

Was wäre, wenn die Medizin die vier Phasen anerkennen würde und Operationen und Behandlungen auf die zyklischen Energien abgestimmt würden? Wenn auch bei Medikamenten der Menstruationszyklus berücksichtigt würde? Was wäre, wenn es einen echten Wunsch gäbe, den Zyklus und die Wechseljahre zu verstehen?

Was wäre, wenn die Psychologie erkennen würde, wie wichtig es ist, das Leben an die vier Phasen anzupassen?

Was wäre, wenn es Frauen und Mädchen erlaubt wäre, im Einklang mit ihren Zyklus zu lernen? Wenn es fortlaufende Beurteilungen gäbe statt Examen, damit Frauen beim Arbeiten und Lernen die optimierten Fähigkeiten der jeweiligen Phase nutzen könnten?

Was wäre, wenn ein Menschenrecht die Anerkennung, Unterstützung und Bildung im Bereich der zyklischen Natur von Frauen sichern würde? Wenn dadurch Maßnahmen garantiert wären, um das volle zyklische Potenzial von Frauen zu nutzen?

Was wäre, wenn alle Frauen während der Menstruation einen oder zwei Tage bezahlten Urlaub bekämen, um ihre Aufgaben zu erledigen, wenn ihre dynamischen Energien zurückgekehrt sind?

Was wäre, wenn Frauen gemeinschaftlich arbeiten würden, um ihre Aufgaben je nach Phase aufzuteilen und in Meetings oder bei der Entscheidungsfindung Rollen zu übernehmen, die den Wahrnehmungsfähigkeiten der jeweiligen Phase entsprächen?

Was wäre, wenn Firmen die vier kreativen und wahrnehmenden Fähigkeiten von Zyklischen Frauen aktiv nutzen würden, unabhängig von der Abteilung oder Hierarchie?

Was wäre, wenn Frauen nach der Menopause als Anführerinnen und Führungskräfte respektiert würden? Wenn sie in Politik und Wirtschaft wesentlichen Einfluss ausüben würden?

Was wäre, wenn in unserer Gesellschaft das Leben beider Geschlechter nicht von Angst und dem Überlebensinstinkt geprägt wäre, sondern von der eigenen authentischen Natur?

Die Welt zu verändern ist eine Herausforderung. Für viele Frauen ist es gefährlich oder gar lebensbedrohend, andere laufen Gefahr, den Wert und die »Gleichheit« zu verlieren, für die sie so hart gekämpft haben. Aber was wäre, wenn …?

Nachwort

Die Erste Frau tanzte ihre Macht.

Jeden Tag betrachtete die das Gesicht der Mondmutter im Himmel und bat sie um Führung und Weisheit.

Die Erste Frau lebte mit den Clans zusammen, im Einklang mit deren Rhythmen. Sie brachte die Geschenke, die sie selbst bekommen hatte, in die Welt, sorgte für die Ersten Tiere und erschuf mit ihren kreativen Energien Heim und Herd. Mit ihrem klaren Verstand organisierte und plante sie und erforschte die Welt. Ihre wilde Inspiration brachte die Magie und Führung des Geistes in die Welt. Und wenn sie am Feuer saß und Geschichten erzählte, suchten die Ersten Tiere ihre tiefe innere Weisheit und Intuition.

In jeder Aktivität drückte sich ihre Macht aus, jede Handlung verband sie mit ihren Kräften und was sie tat war durch das Licht der Mondmutter und die Liebe der Erdmutter gesegnet.

Eines Tages erschien die Mondmutter der Ersten Frau und nahm ein kleines Stück der Schale, die im Bauch der Ersten Frau ruhte. Sie nahm auch etwas von dem lebenden Wasser und der kreativen Flamme, die darin lagen. Und sie nahm etwas von der Liebe aus dem Herzen der Ersten Frau.

Die Mondmutter vermischte alles in ihrer eigenen Gebärmutterschale und gebar den Ersten Mann.

Erfreut, aber verwirrt betrachtete ihn die Erste Frau.

»Was macht er?«, fragte sie.

»Er tanzt mit dir.« Die Mondmutter lächelte. Und alles war gut.

Es gibt weder Anfang noch Ende, nur den ewigen Fluss der Jahreszeiten, durch den wir Frauen wachsen, blühen, fruchten und ruhen.

Auf unserer Reise durch unseren Zyklus und die Phasen unseres Lebens wird sich das Tempo der Musik, zu der wir tanzen, und mit ihm unsere Beziehung zum Göttlich-Weiblichen verändern. Wie sie uns erscheint und wie sie uns führt, wird sich verändern. Die Archetypen, mit denen wir uns identifizieren, werden sich verändern, ebenso unser Lebensweg. Mit unserer erwachten authentischen Weiblichkeit wird unser Tanz anmutig, wir wissen, dass Veränderung die Stärke und Natur von Frauen ist und dass wir ein intimes Wissen darüber in uns tragen. Wir wissen auch, dass wir die Macht haben, mit Leichtigkeit Dinge zu erschaffen, indem wir uns unserer zyklischen Natur und der tief empfundenen Freude hingeben.

Wir sind von Natur aus glücklich, liebevoll und erfüllt.
Unser Weg dahin führt uns zu uns selbst.

Durch den Weg der Gebärmuttersegnung erwecken wir, geleitet durch das Göttlich-Weibliche, unsere authentische Natur. Während sie mehr und mehr Frauen berührt, wird die Segnung auf wunderbare und vielfältige Weise wachsen.

Vor uns Frauen liegen viele verschiedene Wege, aber das Ziel ist immer gleich.

Ich lade dich ein, mit uns den Weg des Womb Blessing zu gehen.

Das Göttlich-Weibliche ist in uns, um uns, in jedem
Augenblick. Nichts ist schlecht, dreckig oder unrein.
Alles ist Ausdruck des Göttlich-Weiblichen. Auch du.

Übung
Eine letzte Übung

Beim Lesen dieses Buches hast du die Informationen durch den Filter eines oder mehrerer Archetypen aufgenommen – je nachdem, wie lange du dafür gebraucht hast. Was du gedacht und empfunden hast, deine Schlussfolgerungen und jede Handlung, zu der du inspiriert wurdest, alles stand unter dem Einfluss des Archetyps, der zu dem Zeitpunkt vorherrschte.

In meinem Buch *Roter Mond* empfehle ich, die Abschnitte zu einer bestimmten Phase in genau dieser Phase noch einmal zu lesen. Auch bei diesem Buch könnte dir das einige Aha-Erlebnisse bescheren.

Sei dir des Archetyps, den du gerade verkörperst bewusst, während du einzelne Abschnitte noch einmal liest oder Übungen wiederholst.

Für jede Information, jede Entscheidung, jede Aktivität stehen dir vier Zugänge zur Verfügung. Authentisch weiblich zu sein bedeutet, dies zu bemerken und als positive Kraft im Leben zu nutzen.

Anhang

Das Rad der Zeit und die Archetypenmeditationen

Die weltweiten Gebärmuttersegnungen finden in den Monaten mit den wichtigsten keltischen jahreszeitlichen Feiertagen statt. In der Abbildung findest du die Daten und die zugehörige Archetypenmeditation sowohl für die Nord- als auch die Südhalbkugel.

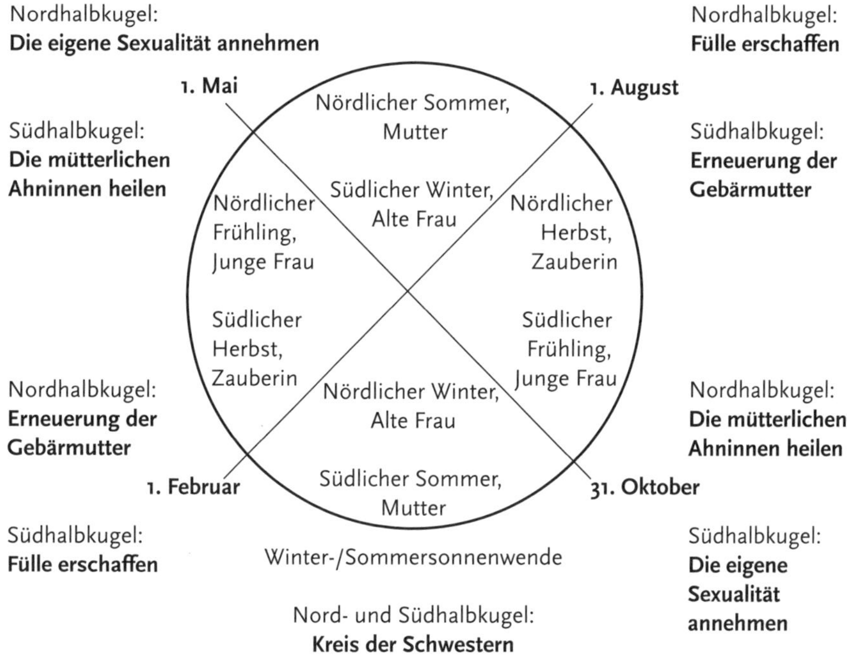

Ablauf der Meditation zur gewählten Uhrzeit am Womb-Blessing-Tag

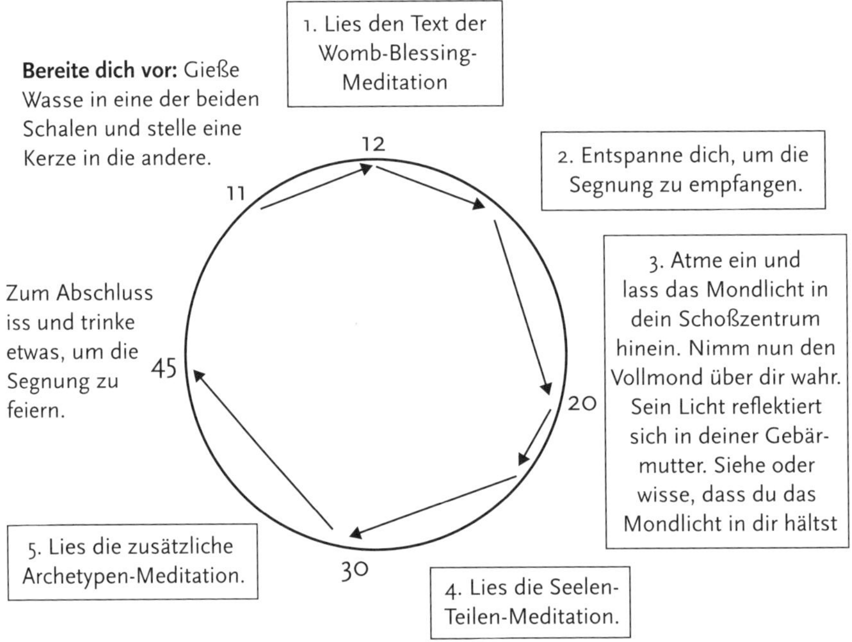

Die Zyklen des Göttlich-Weiblichen

Wie finde ich eine Moon Mother?

Moon Mothers oder Mondmütter sind Frauen, die die Womb-Blessing-Schwingungen der Liebe und des Lichts des Göttlich-Weiblichen in sich tragen. Sie wurden in den von Miranda entwickelten Techniken ausgebildet und bieten *persönliche Gebärmuttersegnungen* und *Gebärmutterheilungen mit Harmonisierung der weiblichen Energie* an. Sie spielen eine aktive Rolle bei den weltweiten Gebärmuttersegnungseinstimmungen. Auf *Level 2* werden Moon Mothers in »Das Geschenk für Männer« und weiteren Heilungstechniken ausgebildet. Die fortgeschrittenen Moon-Mother-Mentorinnen sind ausgebildet, um Frauen während ihrer Erweckung durch das Womb Blessing zu begleiten.

Moon Mothers können Fragen zu den weltweiten Gebärmuttersegnungen beantworten. Viele leiten Womb-Blessing-Gruppen und können dir helfen, eine Gruppe in deiner Region zu finden oder zu bilden.

Eine Liste von Moon Mothers findest du auf www.wombblessing.com.

Wie kann ich eine Moon Mother werden?

An etlichen Orten weltweit werden die folgenden Workshops angeboten.

Level 1: Das Erwachen der weiblichen Energie

Dies ist ein Zweitageskurs mit intensiver Energiearbeit und voller Informationen, um die Schwingungen von Frauen auf das Niveau einer Moon Mother anzuheben und sie zu ermächtigen, bei einer *persönlichen Gebärmuttersegnung*, einer *Gebärmutterheilung mit Harmonisierung der weiblichen Energie* oder einer weltweiten Gebärmuttersegnung die Gebärmuttersegnungsenergie zu übertragen. Es ist ein praktischer Workshop. Ein Handbuch, Internetadressen, und ein Zertifikat.

Level 2: Das Erwachen der weiblichen Energie in die Liebe

Bei dieser zweitägigen Ausbildung erhalten Moon Mothers die Initiation, um die Energie im Womb Blessing besser übertragen zu können. Sie lernen Techniken zur tiefergehenden Heilung weiblicher Energien, mit denen sie ihr eigenes Erwachen und das anderer Frauen fördern können. Dazu gehört *Das Geschenk* für Männer, die *weibliche Seelenheilung* und eine *Selbstsegnung*. Auch hier erhalten die Teilnehmerinnen ein Handbuch.

Level 3: Das Erwachen der weiblichen Energie ins Licht

In Level 1 öffnen wir das Energiezentrum und die Aspekte der Archetypen, die mit dem Leben verbunden sind. In Level 2 öffnen wir das Energiezentrum und die Aspekte der Archetypen, die mit der Liebe verbunden sind. In Level 3 öffnen wir alle Energiezentren und die Aspekte der Archetypen, die mit dem Leben, der Liebe und dem Geist verbunden sind. Bei diesem sanften und doch kraftvollen zweitägigen Workshop erhalten Moon Mothers eine Initiation und lernen, die neuen »öffnenden« Gebärmuttersegnungen zu geben: *Sich dem Göttlichen öffnen* und *Sich dem Frieden öffnen*. Sie können zudem weitere Initiationen und Unterweisungen in den vier Archetypen erhalten.

Eine Moon Mother auf Level 3 zu sein bedeutet, Frauen in immer mehr Lebensbereichen eine Segnung anzubieten, damit ihre weiblichen Energien heilen, sie lieben, in Wohlbefinden leben und ihre Träume wahr werden lassen können.

Ausbildung zur Moon-Mother-Mentorin

Dieser Workshop richten sich an Moon Mothers auf Level 2 oder höher, die ihren Empfängerinnen intensivere Unterstützung anbieten möchten. Dazu entwickeln sie ein persönliches Monatsprogramm, das ihren Empfängerinnen helfen soll, im Alltag zwischen den Segnungen authentischer zu leben. Der Workshop umfasst eine Initiation zur Mentorin, ein Handbuch und ein Zertifikat.

Einen Kalender mit den Workshops findest du auf
www.wombblessing.com.

Zyklustraining

Roter-Mond-Workshop

Eine interaktive Einführung in die vier weiblichen Archetypen und ihre Wirkung auf das Leben mit vielen Informationen, praktischen Übungen in der Gruppe und eine einzigartige Gruppenheilung der Archetypen. Dieser Workshop richtet sich an alle Frauen, ob mit oder ohne Zyklus, und wird besonders den Moon Mothers empfohlen.

Die Alte Frau treffen

In diesem Workshop können alle Frauen, ob mit oder ohne Zyklus, der Alten Frau in ihrem Inneren, ihrer Gebärmutter und ihrem Zyklus begegnen. Mithilfe dieser Initiation spüren wir die Anwesenheit der Alten Frau und können sie annehmen. Wir verstehen, dass wir »genug« sind, und erhalten einen Schlüssel, mit dem wir immer unseren Weg zurück zu ihr finden. Wenn wir achtsam sind, spüren wie, wie sie unsere Junge Frau, Mutter und Zauberin leitet, hören ihr Geflüster aus dem Reich der Postmenopause. In diesem Workshop hören wir genau zu und kreieren mit ihrer Weisheit unsere persönlichen Wahrsagekarten.

Die Begriffe Moon Mother® und Womb Blessing® sind eingetragene Warenzeichen.

Danksagung

Hinter dem Womb Blessing steht ein fantastisches Team von Frauen.

Es ist unmöglich, allen Frauen zu danken, die helfen, die Gebärmuttersegnung in der Welt zu verbreiten oder die Segnungsgruppen vor Ort oder online leiten. Auch den Moon Mothers, Moon-Mothers-Repräsentantinnen, Länderkoordinatorinnen und Koordinationsteam kann ich nicht einzeln für ihren freiwilligen Einsatz danken, mit dem sie das Womb Blessing unterstützen. Da sind außerdem auch die Organisatorinnen der Womb-Blessing-Workshops, die Freiwilligen, die die Workshops, Handbücher, Newsletter und Informationen im Internet übersetzen, die Web-Designerinnen und -Entwicklerinnen. Ohne ihre Hilfe würde sich das Womb Blessing nicht auf diese wunderbare und spannende Art organisch entfalten. Auch viele wunderbare Männer unterstützen unseren Herzenswunsch, das Leben von Männern und Frauen zum Besseren zu verändern.

Ein Dankeschön an euch alle für eure Leidenschaft und eure Fähigkeiten, eure Kreativität, Inspiration und Liebe, für euren Mut und euer Engagement.

Mein besonderer Dank gilt meinem Ehemann Richard. Ohne seine Liebe und seine konstante Unterstützung und Hilfe wäre ich nicht in der Lage, das zu tun, was ich tue. Dann hätten wir keine weltweite Gebärmuttersegnung, keine wachsende globale Gemeinschaft von Frauen und keine Moon Mothers. Meine Liebe und mein Herzen waren immer dein uns werden es immer sein.

Das Cover gestaltete Liana Moisescu.

Ich danke Deborah Willimott für ihre Anregungen, Ideen und Hilfe als Lektorin.

Miranda Gray ist eine international bekannte Autorin und Lehrerin der zyklischen Natur von Frauen. Mehr über Miranda Gray erfahren Sie auf www.mirandagray.co.uk